MUSÉE DU LOUVRE

ORFÈVRERIE
ÉMAILLERIE ET GEMMES
DU MOYEN AGE AU XVIIᵉ SIÈCLE

PAR

J.-J. MARQUET DE VASSELOT
CONSERVATEUR-ADJOINT DES OBJETS D'ART

GASTON BRAUN
ÉDITEUR OFFICIEL DES MUSÉES NATIONAUX
PARIS, 18, RUE LOUIS-LE-GRAND.

Prix : 2 fr.

CATALOGUE SOMMAIRE

DE L'ORFÈVRERIE, DE L'ÉMAILLERIE

ET DES GEMMES

MACON, PROTAT FRÈRES, IMPRIMEURS.

MUSÉE NATIONAL DU LOUVRE

CATALOGUE SOMMAIRE

DE L'ORFÈVRERIE, DE L'ÉMAILLERIE ET DES GEMMES

DU MOYEN AGE AU XVIIᵉ SIÈCLE

PAR

J.-J. MARQUET DE VASSELOT

CONSERVATEUR-ADJOINT DES OBJETS D'ART
DU MOYEN AGE, DE LA RENAISSANCE ET DES TEMPS MODERNES

GASTON BRAUN
ÉDITEUR OFFICIEL DES MUSÉES NATIONAUX
PARIS, 18, RUE LOUIS-LE-GRAND.

PRÉFACE

Les collections d'orfèvreries, d'émaux et de gemmes du moyen âge et de la renaissance que possède le musée du Louvre sont exposées (sauf la donation de M. le baron Adolphe de Rothschild) dans la *Galerie d'Apollon*, depuis plus de cinquante ans.

Elles y furent installées en 1861, après que cette salle fameuse eut retrouvé, grâce à la restauration conduite par l'architecte Duban, sa primitive splendeur ; et le public a si bien pris l'habitude d'admirer dans la Galerie les pièces somptueuses qui la décorent, que l'une et les autres semblent aujourd'hui presque inséparables.

On peut y suivre l'histoire de l'orfèvrerie et de l'émaillerie depuis l'époque carolingienne jusqu'au XVIIe siècle, les œuvres postérieures étant maintenant presque toutes exposées dans les salles du Mobilier.

HISTOIRE DES COLLECTIONS. — Cet ensemble important été constitué d'abord, au début du XIXe siècle, par la réunion de ce qui subsistait des anciennes collections de la Couronne, du trésor de l'abbaye de Saint-Denis, et de la chapelle de l'Ordre du Saint-Esprit. Les acquisitions très heureuses des collections Durand (1825) et Révoil (1828) lui donnèrent un développement considérable, qu'accrurent encore la donation de Ch. Sauvageot (1856), le legs du baron Ch. Davillier (1883), celui de M. J.-L. Leroux (1897) et celui du baron Adolphe de Rothschild (1901). D'autres dons et legs, et de nombreuses acquisitions (commencées dès 1793), l'ont amené progressivement à son état actuel.

ANCIENS CATALOGUES. — Depuis longtemps ces collections ont fait l'objet de catalogues d'ensemble [1]. Le premier, rédigé en 1852 par Léon de Laborde, mérite une mention spéciale ; enrichi de notes sur les pièces similaires contenues dans d'autres collections, et accompagné d'un glossaire archéologique, il est le modèle des catalogues d'autrefois, où le public (qui n'avait pas encore de manuels spéciaux à sa disposition) cherchait un enseignement général dans les Notices des musées.

Quinze ans plus tard Alfred Darcel donnait une nouvelle *Notice* (1867) dont la publication était justifiée par les progrès de l'archéologie et par l'accroissement des collections. Son livre, enrichi d'une histoire de l'émaillerie et de l'orfèvrerie, a rendu les plus grands services ; réimprimé plusieurs fois, il jouissait encore en 1891

---

1. On en trouvera la liste plus loin, p. XIII.

d'une telle réputation que M. Émile Molinier se borna à le compléter par un second *Supplément*.

D'autre part la série des Gemmes, sommairement cataloguée en 1853 par le marquis Léon de Laborde, faisait l'objet d'une *Notice* spéciale (par M. Barbet de Jouy, 1867), dont la valeur scientifique n'égale malheureusement point celle des précédents ouvrages.

PLAN ET MÉTHODE. — On n'a pas cru devoir suivre, dans ce Catalogue, le plan adopté jadis par Darcel. Notre savant prédécesseur s'était efforcé de classer d'après un ordre rigoureusement technique les objets qu'il avait à étudier. Mais comme beaucoup d'entre eux peuvent se rattacher à plusieurs catégories distinctes, il avait été amené à en décrire et numéroter certains deux fois. Pour éviter cet inconvénient, nous avons jugé préférable de ne pas séparer si nettement l'émaillerie de l'orfèvrerie, dont elle n'est en réalité qu'une branche; cela nous a permis de grouper les objets de même époque, et de montrer ainsi plus clairement l'évolution générale des arts pratiqués par les orfèvres. Nous n'avons maintenu une division spéciale que pour les *émaux peints*, qui constituent véritablement un genre à part.

Sous ce nom d'orfèvrerie nous n'avons pas compris seulement les objets d'or et d'argent, mais aussi les pièces en cuivre doré qui se rattachent directement à l'art de l'orfèvre et de l'émailleur : les figures provenant des châsses limousines, par exemple, ne peuvent pas logiquement être séparées des plaques émaillées qu'elles accompagnaient.

Les diverses séries comprises dans ce Catalogue ne présentent pas à l'étude les mêmes difficultés. Pour le moyen âge, des travaux nombreux permettent des classifications assez précises ; mais il n'en va malheureusement pas de même pour la Renaissance. Les bijoux de cette période, notamment, sont encore très mal connus ; faute de tout travail critique, il est souvent impossible de déterminer leur nationalité, car des pièces analogues ont été attribuées à des pays très différents. L'influence générale de l'italianisme et la diffusion extrême des modèles gravés rendent le classement malaisé. Aussi, afin d'éviter des erreurs, avons-nous cru devoir observer la plus grande prudence.

L'embarras n'est pas moindre en ce qui concerne les vases en pierres dures, dont le Louvre possède une très importante série. Sans doute on n'en est plus à croire (comme en 1867) que ces pièces somptueuses, qui proviennent des anciennes collections de la Couronne, y sont entrées en partie du temps des Valois et ont vu le jour en France. Elles ont été pour la plupart acquises par Louis XIV, et très peu d'entre elles ont été fabriquées dans notre pays. Mais ici encore, faute de travaux critiques, un classement scientifique est pour le moment presque impossible. Sans doute il paraît certain que les plus beaux de ces vases ont été exécutés en Italie, par des artistes dont les textes ont révélé les noms, sans qu'on puisse encore reconstituer leur œuvre avec certitude. Cependant il ne faut pas oublier que divers princes, notre François Ier (1515-1547), Philippe II d'Espagne (1556-1598) et surtout l'empereur Rodolphe II (1576-1611) ont appelé dans leurs états les plus habiles de ces artisans ; si bien que tel vase a pu être taillé par une main italienne, mais à Paris, à Madrid ou à Prague. D'autre part les montures émaillées, enrichies de pierreries, qu'ont reçues ces pièces précieuses, leur ont souvent été ajoutées après coup et loin de leur pays d'origine : des orfèvres flamands travaillaient à Prague pour Rodolphe II, avec une colonie de graveurs sur gemmes italiens. Pour hasarder quelques attributions, il faut attendre la publication d'un travail d'ensemble sur les belles collections de gemmes que possèdent les musées de Vienne, de Madrid, de Florence et du Louvre, entre lesquels sont dispersées maintes pièces des mêmes ateliers et des mêmes séries.

TECHNIQUE. — Pour guider les lecteurs de ce Catalogue qui ne seraient pas familiers avec l'archéologie, il ne sera peut-être pas inutile de donner quelques notions essentielles sur la technique de l'orfèvrerie et de l'émaillerie.

Pour l'*orfèvrerie* il n'y a pas lieu d'insister, car les deux procédés principaux, la *fonte* et le *repoussé*, perfectionnés par la *ciselure*, ont été et sont encore employés partout; ils sont connus de tous, et ne nécessitent aucune explication.

Mais il n'en va pas de même pour l'*émaillerie*, des techniques très diverses ayant été usitées au cours du moyen âge et de la renaissance.

Les Byzantins (et parfois aussi les Occidentaux, à leur exemple) ont pratiqué surtout l'*émaillerie cloisonnée*; elle consiste à diviser la surface à émailler par de minces cloisons, dont les tranches constituent le dessin du sujet. Ce procédé, qui semble originaire de l'Orient, nécessite souvent l'emploi de l'or, et est par conséquent assez coûteux.

A l'époque romane et au commencement de la période gothique (xiie-xive s.), les orfèvres des écoles de la Meuse, du Rhin et de Limoges ont employé presque exclusivement l'*émaillerie champlevée*, sur cuivre. Pour l'obtenir, on creuse dans une plaque de cuivre assez épaisse certaines parties que l'on remplit ensuite d'émail. Le grand développement de cette technique tient sans doute à ce qu'elle permet de produire, avec l'aide de la dorure, des pièces d'un effet somptueux, sans recourir aux métaux précieux.

Au xive siècle elle fut progressivement abandonnée, et remplacée par l'*émaillerie translucide sur relief*. Celle-ci consiste à appliquer une mince couche d'émail sur des plaques d'argent ou d'or, où le sujet à représenter a préalablement été ciselé en léger relief. Ce procédé très délicat a produit des œuvres de petites dimensions, mais d'une richesse extrême. Il faut en rapprocher l'émail « en résille », procédé difficile et très rarement employé (v. n° 278).

Vers la fin du xve siècle ces diverses techniques furent presque complètement abandonnées, et remplacées par l'*émaillerie peinte*. Cette dernière, beaucoup plus simple, consiste à recouvrir le métal d'une première couche d'émail, sur laquelle on étend ensuite d'autres émaux. La série des émaux peints du Louvre (n°s 446 à 773) une des plus riches qui existe, permet d'étudier les diverses variantes de ce procédé, qu'il serait inutile de décrire ici.

RÉFÉRENCES. — Pour faciliter les recherches des travailleurs, nous avons renvoyé aux numéros de la *Notice* de MM. Darcel et Molinier (1891), au *Catalogue* de la donation de M. le baron Adolphe de Rothschild (1901), et à la *Notice* de M. Barbet de Jouy (1867). Les descriptions détaillées, données dans ces ouvrages, compléteront utilement celles du présent Catalogue, auquel nous avons dû conserver le caractère d'une notice sommaire.

8 mai 1914.

ANCIENS CATALOGUES

où figurent les objets décrits dans le présent Catalogue Sommaire

— *Notice des émaux exposés dans les galeries du Musée du Louvre*, par M. de Laborde. *Première partie, Histoire et descriptions.* Paris, Vinchon, 1852, in-12 (348 p.).

La *2e édition* (1853, in-12; 442 p.) contient en plus la notice des *Bijoux, Gemmes*, etc.

— *Notice des émaux, bijoux et objets divers, exposés dans les galeries du Musée du Louvre. Seconde partie, Documents et glossaire.* Paris, Vinchon, 1853, in-12 (x-552 p.).

— Musée impérial du Louvre. *Catalogue du Musée Sauvageot*, par A. Sauzay. Paris, Ch. de Mourgues frères, 1861, in-8 (xii-360 p.).

— *Notice des antiquités, objets du moyen âge, de la renaissance et des temps modernes composant le Musée des Souverains*, par H. Barbet de Jouy. Paris, Ch. de Mourgues frères, 1866, in-8 (xxviii-262 p.).

— *Galerie d'Apollon. Notice des Gemmes et Joyaux*, par H. Barbet de Jouy. Paris, Ch. de Mourgues frères, 1867, in-12 (xx-118 p.).

— *Notice des émaux et de l'orfèvrerie*, par Alfred Darcel. Paris, Ch. de Mourgues frères, 1867, in-12 (XXII-552 p.).

Autre édition, 1883, avec un premier *Supplément* par Émile Molinier.

Dernière édition, avec deux *Suppléments* par Émile Molinier. Paris, Librairies-Imprimeries réunies, 1891, in-12 (XXIV-638 p.).

— *Don de M. et Mme Philippe Lenoir* [par MM. de Tauzia, Barbet de Jouy, E. Saglio et L. Courajod]. Paris, Ch. de Mourgues frères, 1874, in-12 (X-130 p.).

— *Donation du baron Charles Davillier. Catalogue des objets exposés au Musée du Louvre*, par Louis Courajod et Émile Molinier. Paris, Imprimeries réunies, 1885, in-4 (310 p. avec 34 fig.).

— *Donation de M. le baron Adolphe de Rothschild. Catalogue* par Émile Molinier. Paris, E. Lévy, 1902, in-folio (40 p. et 37 pl.).

LISTE DES ABRÉVIATIONS

Coll. Cour. = Anciennes collections de la Couronne.
M. R. 000 = Inventaire des Musées Royaux (époque de la Restauration), n° 000.
L. P. 000 = Inventaire du Musée, règne de Louis-Philippe, n° 000.
Inv. 000 = Inventaire du département des Objets d'art du moyen âge, de la renaissance et des temps modernes (depuis 1856), n° 000.
D. 000 = N° 000 de la *Notice des émaux et de l'orfèvrerie*, par A. Darcel et E. Molinier, 1891.
E. 000 = N° 000 de la *Notice des Gemmes et Joyaux*, par H. Barbet de Jouy, 1867.
H. = Hauteur.
L. = Largeur, ou Longueur.
Diam. = Diamètre.
s. = siècle.

ORFÈVRERIE ET ÉMAILLERIE

ART BYZANTIN

1. — **Médaillon** rond, décoré d'un griffon ailé, en émail cloisonné sur fond d'or.

Art byzantin, x-xie s.
Diam. 0,040. Acq. 1864, Coll. Campana. — D. 926.

2. — **Petit médaillon** rond, émail cloisonné. Un ange, en buste.

Art byzantin, x-xie s.
Diam. 0,02. Don 1909, Coll. Gay. — Inv. 6270.

3. — **Plaque** rectangulaire, en argent repoussé et doré. Elle est décorée d'une grande croix, accompagnée de rinceaux, de médaillons et d'étoiles.

Art byzantin, xiie s.
H. 0,347 ; L. 0,158. — MR. IV, 346. D. 710.

4. — **Plaque** rectangulaire, en argent doré. Les Saintes femmes auprès du tombeau du Christ, que garde un ange. Inscriptions grecques.

Art byzantin, xiie s.
H. 0,420 ; L. 0,300. Trésor de l'abbaye de Saint-Denis. — MR. IV, 348. D. 709. — (Pl. I.)

5. — **Médaillon** rond, émail cloisonné sur or. Saint Démétrius, en buste.

Art byzantin, xiie s. (?).
Diam. 0,084. Don de M. J. Pierpont Morgan, 1911. — Inv. 6457. — (Pl. II.)

6. — **Plaque**, émail cloisonné sur or. Semis de palmettes stylisées, sur fond bleu.

Art byzantin, xiie s. (?).

H. 0,11. Don de M. J. Pierpont Morgan, 1911. — Inv. 6458.

7. — **Médaillon-amulette**, émail cloisonné. A la face, une tête de Gorgone ; au revers, une inscription grecque.

Art byzantin.

Diam. 0,07. Don 1909, Coll. Gay. — Inv. 6276.

HAUT MOYEN AGE. ÉPOQUE ROMANE

8. — **Bague** en or ; le chaton carré est orné d'un oiseau et d'une inscription gravée : [sigillum] + TRASILDI.

Époque mérovingienne.

L. 0,022. Legs du baron Davillier, 1883. — Inv. 2988. D. 1005.

9. — **Bague** de femme, en or ; sur le chaton rond est gravé un monogramme disposé en croix : s. ROSE [sigillum Rose].

Époque mérovingienne.

L. 0,024. Legs Davillier, 1883. — Inv. 2989. D. 1006.

10. — **Bague** en or ; sur le chaton ovale est gravée l'inscription : s FELIS(?) [sigillum Felicis ?].

Époque mérovingienne.

L. 0,018. Legs Davillier, 1883. — Inv. 2990. D. 1007.

11. — **Pendant** en or, orné de perles et de saphirs enfilés. Art visigothique.

viie siècle.

H. 0,055. Legs Davillier, 1883. — Inv. 2939. D. 984.

Pl. I.

13. — Boîte d'évangéliaire.
X-XIe s.

4. — Plaque.
Art byzantin, XIIe s.

Pl. II.

42. — Patène.
Époque carolingienne.

5. — Médaillon.
Art byzantin, XIIe s.

Pl. III.

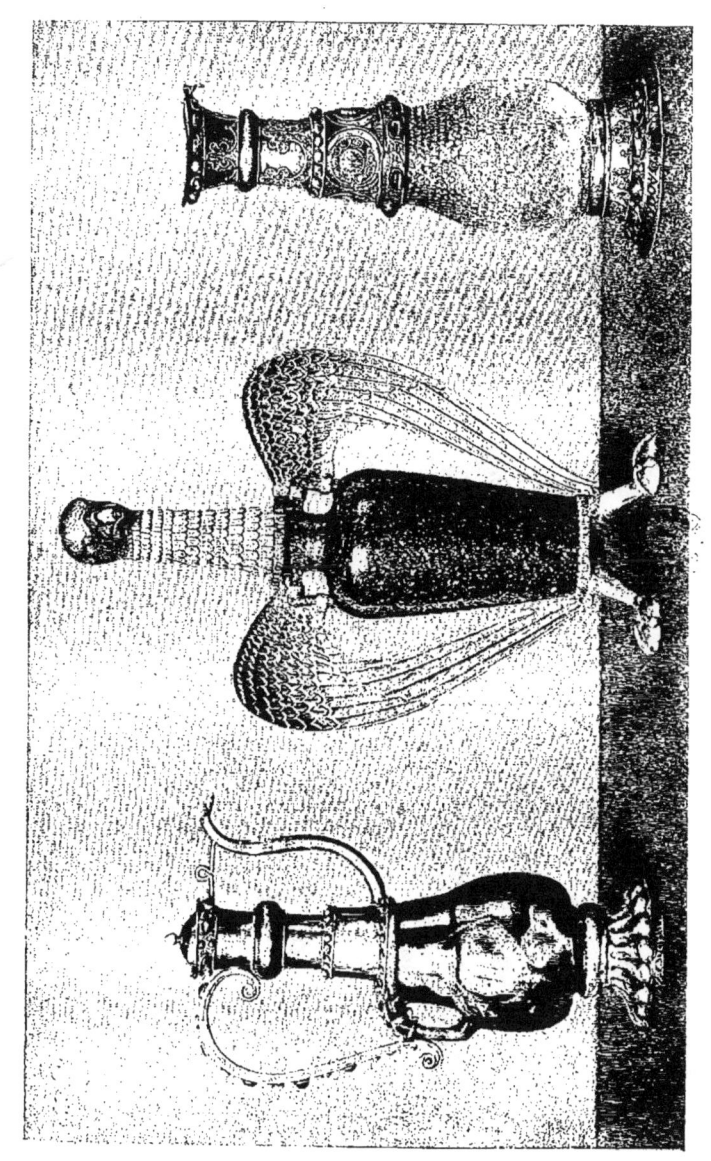

19. — Aiguière.
xiiᵉ s.

20. — Aigle de Suger.
xiiᵉ s.

21. — Vase.
xiiᵉ s.

Pl. IV.

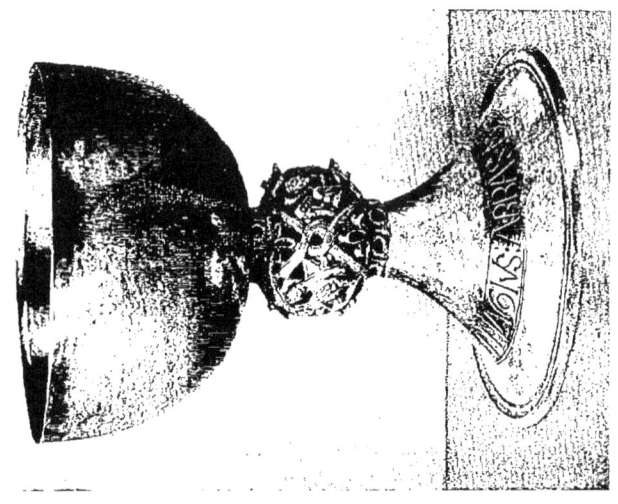

24. — Calice et Patène. Art espagnol, XII-XIIIᵉ s.

12. — **Patène** en serpentine, décorée de huit poissons incrustés en or ; le marli, en or, est couvert de pierreries.

Époque carolingienne, ixe s.

Diam. 0,17. Trésor de l'abbaye de Saint-Denis. — MR. IV, 415 ; D. 927. — (Pl. II.)

13. — **Boîte d'évangéliaire** en or. Au centre, le Christ en croix entre la Vierge et saint Jean. Inscriptions latines. Aux angles de l'encadrement, filigrané et gemmé, les symboles des Évangélistes, en émail cloisonné.

Art français (?), fin du xe ou début du xie s.

H. 0,392 ; L. 0,320. Trésor de l'abbaye de Saint-Denis. — MR. IV, 349 ; D. 711. — (Pl. I.)

14. — **Plaque**, émail cloisonné sur cuivre. Un saint vu de face et à mi-corps.

Fin du xie s. ou début du xiie.

H. 0,070 ; L. 0,036. Acq. 1873. — Inv. 2075 ; D. 928.

15. — **Plaque**, émail cloisonné sur cuivre ; analogue au numéro précédent ; elle est décorée de deux oiseaux affrontés.

Fin du xie s. ou début du xiie.

H. 0,058 ; L. 0,039. Acq. 1873. — Inv. 2076 ; D. 929.

16. — **Épée** du sacre des rois de France (dite Épée de Charlemagne). La poignée, en or, a un pommeau orné d'oiseaux fantastiques, et des quillons formés par deux dragons. (La fusée et la lame sont modernes. Le fourreau a été restauré au commencement du xixe siècle.)

Époque romane.

Long. totale 1,00 ; Largeur des quillons 0,22. Trésor de l'abbaye de Saint-Denis. — D. 934. — (Pl. VI.)

17. — **Main de justice** des rois de France. Elle est composée d'une main en ivoire, montée on or et en argent doré. (Elle a été restaurée au commencement du xixe siècle. La main, et l'un des trois médaillons qui ornent la hampe, sont seuls anciens.)

xiie s.

Long. 0,178. Trésor de l'abbaye de Saint-Denis. — D. 930.

18. — **Paire d'éperons**, en or, du sacre des rois de France. Ils sont décorés d'ornements ajourés et de plaques filigranées et gemmées. (Ils ont été restaurés au commencement du xixe siècle.)

xiie s.

L. 0,17; L. 0,06. Trésor de l'abbaye de Saint-Denis. — D. 935-936.

19. — **Aiguière** formée d'un vase antique en sardoine, avec monture du xiie siècle en argent doré. Au pied, une inscription latine explique que ce vase a été donné par Suger, abbé de Saint-Denis († 1152).

H. 0,355; D. 0,12. Trésor de l'abbaye de Saint-Denis. — MR. 127; D. 933. — (Pl. III.)

20. — **Vase** en forme d'aigle; le corps est formé par un vase antique (égyptien?) en porphyre; le cou, les ailes, la queue et les serres sont en argent doré. Deux vers latins y sont gravés. Don de Suger, abbé de Saint-Denis († 1152).

H. 0,43; L. 0,27. Trésor de l'abbaye de Saint-Denis. — MR. IV, 422; D. 932. — (Pl. III.)

21. — **Vase** antique en cristal de roche; il a reçu au xiie siècle une monture en argent doré, filigrané et gemmé. Au pied, une inscription explique qu'il a été donné par

Pl. V.

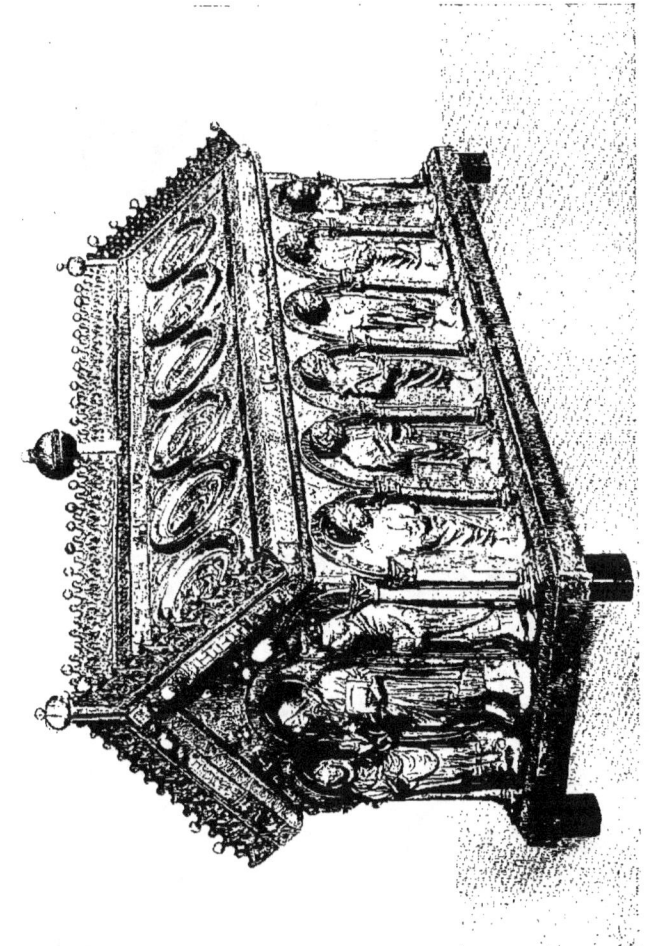

49. — Châsse de saint Potentin.
Art rhénan, XIIIe s.

Pl. VI.

149. — Sceptre de Charles V.
Art français, xiv⁰ s.

13. — Épée, dite de Charlemagne.
Époque romane.

Suger, abbé de Saint-Denis († 1152), lequel l'avait reçu du roi Louis VII, à qui la reine Aliénor d'Aquitaine l'avait offert.

H. 0,34; Diam. 0,113. Trésor de l'abbaye de Saint-Denis. — MR. 340; D. 931. — (Pl. III.)

22. — **Bague** en or gravé et émaillé, décorée de rinceaux et d'un monstre. Elle aurait été trouvée dans le tombeau de Maurice de Sully, évêque de Paris (1160-1196).

L. 0,025. Don de M. Corroyer, 1893. — Inv. 3357.

23. — **Croix-reliquaire** à double traverse, en argent doré, filigrané et gemmé. De la tige partent deux branches portant les statuettes de la Vierge et de saint Jean. Sur la base, six médaillons, dont trois en émail champlevé, représentent des sujets bibliques.

Donnée à l'abbaye de Saint-Vincent-de-Laon par l'abbé Hugo (1174-1205).

H. 0,466; L. 0,15. Acquise de l'hôpital de Laon, 1855. — Inv. 4; D. 714.

24. — **Calice et patène** en argent doré : la coupe hémisphérique est supportée par un pied, dont le nœud est orné des symboles des quatre évangélistes. Autour du pied, une inscription au nom d'un abbé Pélage. Au centre de la patène est gravé l'Agneau mystique.

Art espagnol, fin du xiie s. ou com^t du xiiie.

H. 0,13; Diam. de la patène 0,133. Acq. 1886. — Inv. 3204; D. 1106. — (Pl. IV.)

25. — **Tableau-reliquaire** en argent doré. Sur le couvercle, la crucifixion ; à l'intérieur, Constantin et sainte Hélène.

Art italien, d'après un modèle byzantin, xiiie s.

H. 0,16; L. 0,092. Acq. 1894. — Inv. 3665. — (Pl. VII.)

ORFÈVRERIE ET ÉMAILLERIE CHAMPLEVÉE. — ÉCOLES DE LA MEUSE ET DU RHIN

26. — **Reliquaire** du bras de Charlemagne. Coffret rectangulaire, à couvercle plat, en cuivre émaillé et doré, et en argent. Sur les côtés, douze figures à mi-corps, en argent repoussé : elles représentent la Vierge, des saints, et les ancêtres de Frédéric Barberousse († 1190), qui y est lui-même figuré.

Art mosan, seconde moitié du xiie s.

H. 0,136 ; Long. 0,548; Larg. 0,135. Envoyé d'Aix-la-Chapelle, en floréal an III. — MR. IV, 347; D. 712. — (Pl. VIII.)

27. — **Trois bandes** en cuivre émaillé et doré, provenant du couvercle du reliquaire du bras de Charlemagne (n° 26). — Décor composé de rectangles et de quadrilobes, ornés de feuillages émaillés ; les quadrilobes sont cantonnés de quatre trous ronds.

Art mosan, seconde moitié du xiie s.

Larg. 0,022; Long. totale 0,366. Acq. 1825, Coll. Durand. — MR. 2683-2684 ; D. 57-59.

28, 29, 30. — **Trois plaques** rectangulaires en cuivre émaillé et doré, provenant d'un même monument; chacune d'elles présente deux sujets distincts.

Art mosan, seconde moitié du xiie s.

A. — Saint Marc écrivant. — Le sacrifice d'Abraham.

H. 0,071 ; L. 0,149. Acq. 1828, Coll. Révoil. — MR. R. 244 ; D. 63.

Pl. VII.

48. — Reliquaire de saint Henri.
Art saxon, XIIe s.

25. — Reliquaire.
Art italien, XIIIe s.

Pl. VIII.

26. — Reliquaire du bras de Charlemagne.
Art mosan. XII° s.

Pl. IX.

33. — Plaque ronde.
Art mosan, XIIe s.

84. — Médaillon.
Art limousin, XIIe s.

Pl. X.

50. — Plaque.
Art lorrain (?), XIIIe s.

34. — Plaque.
Art mosan, XIIe s.

B. — Saint Luc écrivant. — Abraham recevant de Melchisédec le pain et le vin.

H. 0,071 ; L. 0,148. Acq. 1825, Coll. Durand. — MR. 2677 ; D. 62.

C. — Un chérubin. — Héraclius frappant Chosroès de son glaive.

H. 0,075 ; L. 0,150. Acq. 1825, Coll. Révoil. — MR. R. 245 ; D. 64. — (Pl. XI.)

31, 32. — **Deux plaques** rectangulaires en cuivre émaillé et doré, provenant d'un même monument.

A. — La Pâque ; un Israélite marquant sa porte avec le sang d'un agneau.

B. — Un ange inscrivant le Tau sur le front des fidèles.

Art mosan, seconde moitié du XIIe s.

H. 0,115 ; L. 0,083. — Ancien fonds ; D. 60 et 61. — (Pl. X.)

33. — **Plaque** ronde concave, en cuivre émaillé et doré. — Jacob, en buste.

Art mosan, seconde moitié du XIIe s.

Diam. 0,128. Acq. 1828, Coll. Révoil. — MR. R. 247 ; D. 66. — (Pl. IX.)

34. — **Plaque** quadrilobée, en cuivre émaillé et doré, inscrite dans une bande circulaire. Le Christ bénissant, assis entre deux anges.

Art mosan, seconde moitié du XIIe s.

Diam. 0,098. Acq. 1828, Coll. Révoil. — MR. R. 254 ; D. 162.

35. — **Plaque** ronde, en cuivre émaillé et doré. — Le Christ assis sur un trône, entre deux anges tenant les instruments de la Passion.

Art mosan, seconde moitié du XIIe s.

H. 0,08 ; L. 0,08. Don 1909, Coll. Gay. — Inv. 6271.

36. — **Plaque** rectangulaire, en cuivre émaillé et doré. Les prophètes Ézéchiel, Jérémie et Isaïe, en buste.

Art mosan, seconde moitié du xiie s.

H. 0,045 ; L. 0,11. Don 1909, Coll. Gay. — Inv. 6275.

37. — **Plaque** semi-circulaire, en cuivre émaillé et doré. Un ange nimbé, en buste, les ailes éployées.

Art mosan, seconde moitié du xiie s.

H. 0,045 ; D. 0,066. Donation Sauvageot, 1856. — Inv. 934 ; D. 65.

38. — **Plaque** de bordure, en cuivre émaillé et doré. Elle est décorée de rinceaux.

Art mosan, seconde moitié du xiie s.

H. 0,023 ; L. 0,087. Acq. 1825, Coll. Durand. — MR. 2676 ; D. 78.

39. — **Plaque** rectangulaire en cuivre émaillé et doré. Ézéchiel inscrivant le signe du Tau sur le front des Hébreux.

Cologne, seconde moitié du xiie s.

H. 0,105 ; L. 0,145. Don 1909, Coll. Gay. — Inv. 6272. — (Pl. XI.)

40. — **Plaque** rectangulaire, en cuivre émaillé et doré. Le prophète Samuel.

Cologne, seconde moitié du xiie s.

H. 0,065 ; L. 0,045. Don 1909, Coll. Gay. — Inv. 6274.

41. — **Plaque** de bordure, en cuivre émaillé et doré. Branchages et ornements stylisés.

Art rhénan, fin du xiie s.

H. 0,055 ; L. 0,195. Don 1909, Coll. Gay. — Inv. 6277.

Pl. XI.

29. — Plaque. Art mosan, XIIe s.

39. — Plaque. Art rhénan, XIIe s.

Pl. XII.

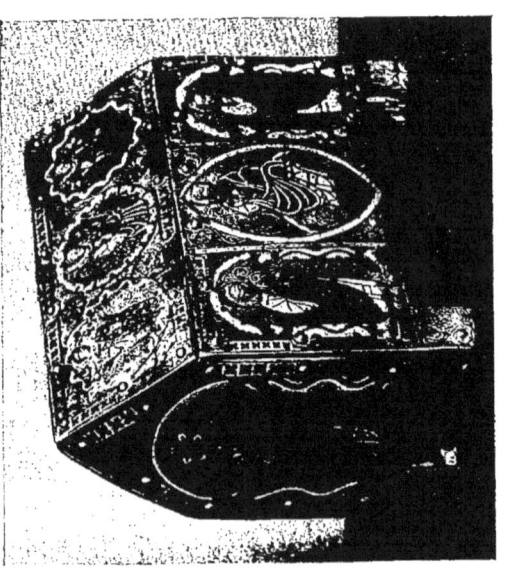

61. — Châsse.
Art limousin, XIIe s.

62. — Châsse.
Art limousin, XIIIe s.

42 — **Plaque** de bordure, en cuivre émaillé et doré. Le décor, divisé en sept losanges et demi, est composé de feuillages et d'ornements stylisés.

Art rhénan, fin du xiie s.

H. 0,028 ; L. 0,20. Acq. 1825, Coll. Durand. — MR. 2666 ; D. 75.

43. — **Plaque** de bordure, en cuivre émaillé et doré. Le décor, divisé en carrés et en trapèzes, comprend des oiseaux et des ornements stylisés.

Art rhénan, fin du xiie s.

H. 0,03 ; L. 0,20. Acq. 1825, Coll. Durand. — MR. 2667 ; D. 76.

44. — **Plaque** de bordure, en cuivre émaillé et doré. Elle est décorée de quatre rosaces quadrilobées.

Art rhénan, fin du xiie s. ou début du xiiie.

H. 0,026 ; L. 0,08. Acq. 1825, Coll. Durand. — MR. 2675 ; D. 77.

45. — **Plaque** de bordure, en cuivre émaillé et doré. Elle est décorée de cinq losanges et demi, encadrant chacun une rosace en forme de croix.

Art rhénan, début du xiiie s.

H. 0,03 ; L. 0,148. Acq. 1825, Coll. Durand. — MR. 2668 ; D. 79.

46. — **Plaque** de bordure, en cuivre émaillé et doré. Quatre figures ailées, en buste, encadrées dans quatre demi-losanges. Quatre demi-losanges correspondants sont chargés d'un croiseté.

Art rhénan, début du xiiie s.

H. 0,03 ; L. 0,15. Acq. 1825, Coll. Durand. — MR. 2669 ; D. 80.

47. — **Plaque** ronde, en cuivre émaillé et doré. L'adoration des mages.

Art lorrain, seconde moitié du xiie s.

Diam. 0,115. Acq. 1828, Coll. Révoil. — MR. R. 252 ; D. 25.

48. — **Reliquaire de saint Henri**, en cuivre émaillé et doré. Il a la forme d'un quadrilobe, monté sur un pied hémisphérique. Sur une face, l'empereur saint Henri, assis, entre deux personnages ; sur l'autre face, le Christ de majesté, entouré de plusieurs rois. Au pied, les bustes de quatre saints guerriers.

Art saxon, seconde moitié du xiie s.

H. 0,234. Acq. en 1851. — D. 70-72. — (Pl. VII.)

49. — **Châsse de saint Potentin**. Cuivre émaillé et doré. La caisse est décorée de figures en haut relief, debout sous des arcatures ; aux deux grandes faces, les douze apôtres ; aux deux extrémités, le Christ entre la Vierge et saint Augustin ; et saint Potentin entre saint Licius et saint Simplicius. Aux deux faces du toit, six médaillons contenant des bustes de prophètes.

Provient de l'abbaye de Steinfeld.

Trèves (?), commencement du xiiie s.

H. 0,72 ; Long. 1,16. — MR. XIV, 210 ; D. 713. — (Pl. V.)

50. — **Plaque** rectangulaire, en cuivre émaillé et doré. Saint Sébastien, saint Liévin et saint Tranquillin, debout sous trois arcatures.

École de Verdun (?) commencement du xiiie s.

H. 0,103 ; L. 0,100. Acq. 1828, Coll. Révoil. — MR. R. 253 ; D. 73. — (Pl. X.)

Pl. XIII.

67. — Ciboire. Art limousin, xiiie s.

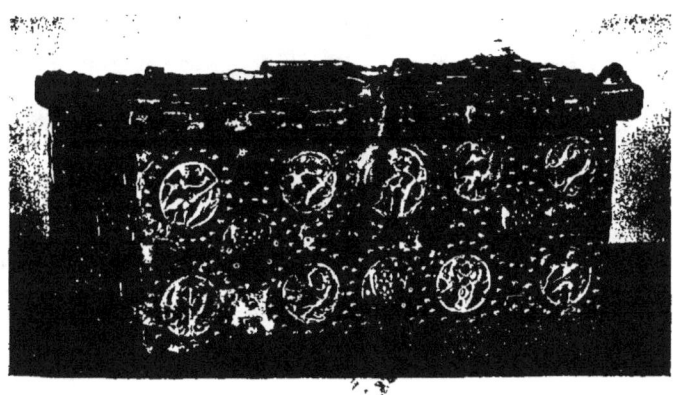

69. — Coffret. Art limousin, xiii[e] s.

Pl. XIV.

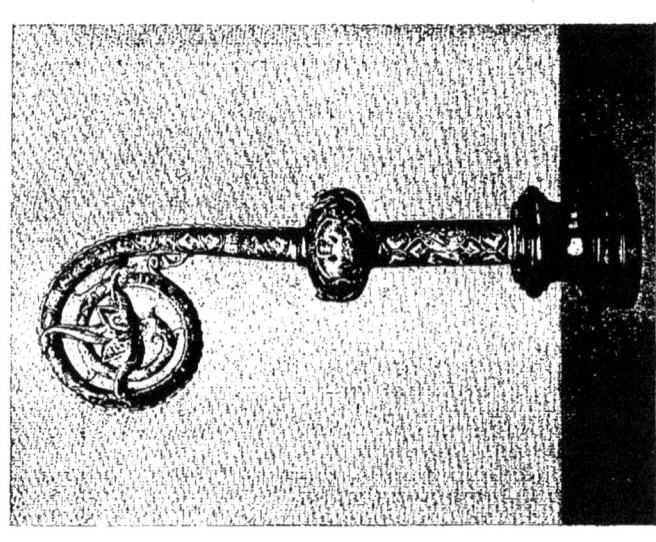

74. — Crosse.
Art limousin, XIII[e] s.

72. — Croix.
Art limousin, XIII[e] s.

Pl. XV.

93. — Plaque.
Art limousin, XIIIᵉ s.

87. Plaque.
Art limousin, XIIIᵉ s.

Pl. XVI.

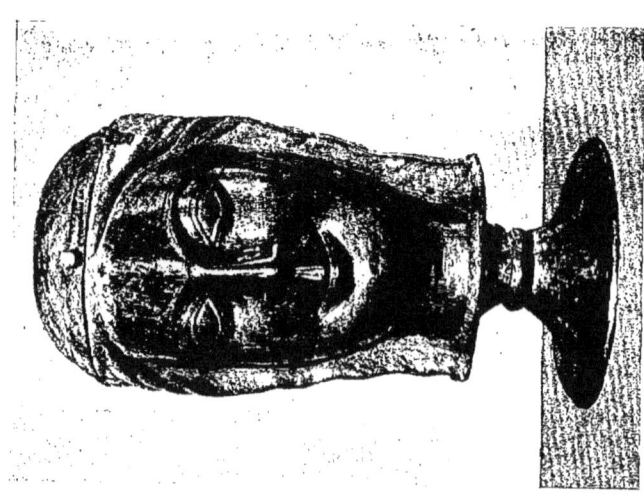

106. — Chef-reliquaire.
Art limousin, XIIIe s.

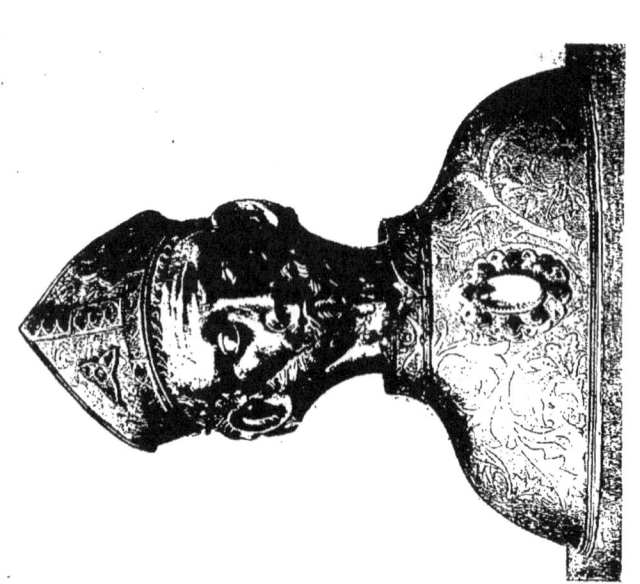

125. — Buste-reliquaire.
Art limousin, XIVe et XVe s.

ORFÈVRERIE ET ÉMAILLERIE CHAMPLEVÉE. — ÉCOLE LIMOUSINE

51. — **Boîte** ronde, plate, en cuivre émaillé et doré. Sur chaque face, un écu entouré d'animaux stylisés.

Art limousin, XIIIe s.

Diam. 0,098. Don 1909, Coll. Gay. — Inv. 6181.

52. — **Boîte** cylindrique, en cuivre émaillé et doré. Quatre groupes de personnages, sujets civils.

Art limousin, XIIIe s.

H. 0,06 ; Diam. 0,05. Don 1909, Coll. Gay. — Inv. 6279.

53. — **Boîte aux saintes huiles** en cuivre émaillé et doré. De forme rectangulaire, montée sur quatre pieds ; ornée de médaillons représentant des anges en buste.

Art limousin, XIIIe s.

H. 0,13 ; L. 0,14. Legs de M. Piet-Latandrie, 1909. — Inv. 6334.

54. — **Boîte de courrier**, en cuivre jadis émaillé et doré. Armoiries de Jean de Dargies († 1409).

Art limousin, XIVe s.

H. 0,125. Don 1909, Coll. Gay. — Inv. 6282.

55 à 60. — **Six chandeliers itinéraires**, en cuivre émaillé et doré ; formés chacun d'un disque bombé sur lequel est montée une tige pointue. Décor d'armoiries.

Art limousin, XIII-XIVe s.

Hauteurs variant de 0,225 à 0,105. Acq. 1825, Coll. Durand. — MR. 2660-2665 ; D. 155 à 160.

61. — **Châsse** en cuivre émaillé et doré, à fonds vermiculés. Face : au toit, trois anges à mi-corps ; à la caisse, le Christ de majesté entre deux apôtres. Au revers, semis de rosaces. Aux pignons, deux apôtres debout.

Art limousin, fin du XIIe s.

H. 0,15 ; L. 0,16. Acq. en 1903. — Inv. 5892. — (Pl. XII.)

62. — **Châsse** en cuivre émaillé et doré. Face : à la caisse, le Christ en croix, entre la Vierge, saint Jean et deux Apôtres. Au toit : le Christ de Majesté et deux Apôtres. Au revers et aux pignons, des apôtres debout.

Art limousin, XIIIe s.

H. 0,177 ; L. 0,173. Acq. 1825, Coll. Durand. — MR. 2648 ; D. 94. — (Pl. XII.)

63. — **Châsse** en cuivre émaillé et doré. Face : au toit, le Christ de Majesté et quatre apôtres ; à la caisse, le Christ en croix, avec la Vierge, saint Jean et deux apôtres. A chaque pignon, un apôtre debout. Au revers, semis de rosaces sur fond bleu.

Art limousin, XIIIe s.

H. 0,23 ; L. 0,21. Legs de M. Ch. Séguin, 1908. — Inv. 6183.

64. — **Châsse** en cuivre émaillé et doré. Face : à la caisse, quatre apôtres en relief ; au toit, deux autres, en relief. Au revers, dix figures d'apôtres ; aux deux pignons (dont un forme porte), deux anges.

Art limousin, XIIIe s.

H. 0,192 ; L. 0,214. Trésor de l'abbaye de Saint-Denis. — MR. IV, 343 ; D. 102 à 111.

65. — **Châsse** en cuivre émaillé et doré. Face : la mort de la Vierge. Au toit, deux apôtres portant le corps de la Vierge. Au revers, décor géométrique.

Art limousin, xiiie s.

H. 0,155; L. 0,125. Donation Sauvageot, 1856. — Inv. 940; D. 112 à 119.

66. — **Châsse** en cuivre émaillé et doré (remontée). Face : à la caisse, le Christ en croix entre la Vierge, saint Jean et deux apôtres; au toit, le Christ de Majesté et deux Apôtres. A chaque pignon, un apôtre. Au revers, deux plaques de grandeurs inégales, ornées de rosaces.

Art limousin, xiiie s.

H. 0,192; L. 0,245. Acq. 1825, Coll. Durand. — MR. 2647; D. 88-93.

67. — **Ciboire** en cuivre émaillé et doré. Pied bas ajouré, en tronc de cône. A l'extérieur, divisé en compartiments par des bandes creuses, des bustes d'apôtres et d'anges. Intérieur : au couvercle, la main de Dieu bénissant; dans la coupe, un ange entouré d'une inscription : MAGITER G. ALPAIS ME FECIT LEMOVICARUM.

Art limousin, xiiie s.

H. 0,034; Diam. 0,168. Acq. 1828, Coll. Révoil. — MR. R. 98; D. 125. — (Pl. XIII.)

68. — **Ciboire** en cuivre émaillé et doré, décoré de médaillons et d'écussons armoriés.

Art limousin, xive s.

H. 0,226; Diam. de la coupe 0,080; Diam. du pied 0,104. Acq. 1825, Coll. Durand. — MR. 2653; D. 148.

69. — **Coffret** en bois, orné de médaillons émaillés et dorés, dit « Cassette de saint Louis ». Les médaillons sont décorés de personnages, d'animaux et d'armoiries.

Art limousin, xiiie s.

H. 0,155 ; Long. 0,365 ; Larg. 0,19. Provient de l'abbaye du Lis ; acq. en 1858. — N° 253 de l'Inventaire du Musée des Souverains ; D. 940. — (Pl. XIII.)

70. — **Coffret** en cuivre émaillé et doré, à couvercle plat. Sur les côtés, des écus armoriés. Sur le couvercle, deux groupes composés chacun d'un jeune homme et d'une jeune femme.

Art limousin, xive s.

H. 0,125 ; Long. 0,35 ; L. 0,22. Acq. 1828, Coll. Révoil. — MR. R. 81 ; D. 149 à 153. — (Pl. XVIII.)

71. — **Croix** en cuivre émaillé et doré. Le Christ se détache, émaillé, sur le fond doré. Inscription émaillée : IOHANNIS. GARNERIVS. LEMOVICENSIS. ME. FESIS. FRATRIS. MEI.

Art limousin, fin du xiie s. ou début du xiiie.

H. 0,445 ; L. 0,21. Don 1909, Coll. Gay. — Inv. 6278.

72. — **Croix** en cuivre émaillé et doré. Le Christ, dont les nus sont émaillés de blanc, se détache sur un fond doré. Au-dessus de sa tête, la Lune.

Art limousin, fin du xiie s. ou début du xiiie.

H. 0,443 ; L. 0,295. Legs Davillier, 1883. — Inv. 2956. — (Pl. XIV.)

73. — **Croix** en cuivre émaillé et doré. Le Christ se détache en relief sur un fond émaillé, semé de rosettes. Au bas, Adam sortant du tombeau.

Art limousin, xiiie s.

H. 0,17 ; L. 0,125. Acq. 1828, Coll. Révoil. — MR. R. 250 ; D. 87.

Pl. XVII.

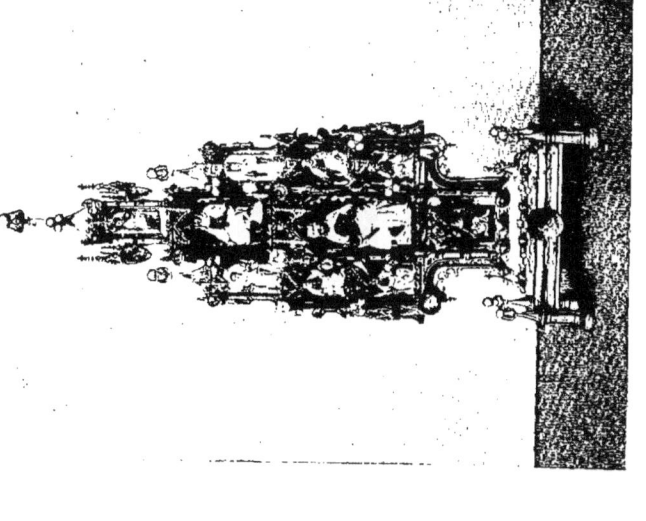

147. — Reliquaire.
Art français, xve s.

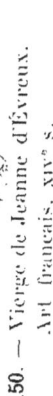

150. — Vierge de Jeanne d'Évreux.
Art français, xive s.

Pl. XVIII.

198. — Reliquaire, xive s.

70. — Coffret. Art limousin, xive s.

74. — **Crosse** en cuivre émaillé et doré. La volute est ornée d'une grande palmette stylisée. Au nœud, quatre anges à mi-corps.

Art limousin, xiiie s.

H. 0,28. Trouvée à Luxeuil; Acq. en 1864. — Inv. 2023; D. 939. — (Pl. XIV.)

75. — **Crosse** en cuivre émaillé et doré. Dans la volute, l'Annonciation. La douille est ornée de dragons.

Art limousin, xiiie s.

H. 0,295. Acq. 1828, Coll. Révoil. — MR. R. 810; D. 122.

76. — **Crosse** en cuivre doré. Dans la volute, l'Annonciation. Trois dragons ornent la douille.

Art limousin, xiiie s.

H. 0,355. Acq. 1828, Coll. Révoil. — MR. R. 811; D. 717.

77. — **Crosse** en cuivre doré. Dans la volute, le Couronnement de la Vierge. Le nœud est garni de fleurs de lis gravées.

Art limousin, xiiie s.

H. 0,33. Acq. 1828, Coll. Révoil. — MR. R. 812; D. 718.

78. — **Crosse** en cuivre doré. Dans la volute, d'un côté le Christ, de l'autre la Vierge portant l'enfant Jésus.

Art limousin, xiiie s.

H. 0,305. Acq. 1828, Coll. Révoil. — MR. R. 809; D. 719.

79. — **Gémellion** en cuivre émaillé et doré. Au centre, un écu parti de France et de Castille. Au pourtour, six autres écus armoriés, séparés par des personnages debout.

Limoges, xiiie s.

Diam. 0,225. Legs de M. le comte de Marsy, 1901. — Inv. 5529.

18 ORFÈVRERIES, ÉMAUX ET GEMMES

80. — **Gémellion** en cuivre émaillé et doré. Au centre, une reine assise reçoit une coupe que lui présente une femme debout. Au pourtour, six personnages assis.

Art limousin, xiiie s.

Diam. 0,215. Acq. 1828, Coll. Révoil. — MR. R. 171 ; D. 134.

81. — **Gémellion** en cuivre émaillé et doré. Il est décoré d'un écu central armorié, entouré de six figures debout.

Art limousin, xiiie s.

Diam. 0,23. Acq. 1825, Coll. Durand. — MR. 2649 ; D. 135.

82. — **Gémellion** en cuivre émaillé et doré. Il est décoré au centre d'un écu armorié, et au pourtour de six groupes de personnages, que séparent des écus armoriés.

Art limousin, xiiie s.

Diam. 0,24. Acq. 1828, Coll. Révoil. — MR. R. 170 ; D. 136.

83. — **Gémellion** en cuivre émaillé et doré, muni d'une gargouille. Il est décoré d'un écu central armorié, et au pourtour de six autres écus armoriés, tenus par des femmes debout.

Art limousin, xiiie s.

Diam. 0,225. Donation Sauvageot, 1856. — Inv. 938 ; D. 137.

84. — **Médaillon** d'applique, en cuivre émaillé et doré. Un oiseau fantastique, de profil à droite.

Art limousin, xiie s.

Diam. 0,08. Don 1909, Coll. Gay. — Inv. 6280. — (Pl. IX.)

85. — **Pied de croix (ou de chandelier)** en cuivre émaillé et doré. Il a la forme d'un cône tronqué, et est orné de dragons et de fleurons.

Art limousin, xiiie s.

H. 0,095. Acq. 1825, Coll. Durand. — MR. 2659 ; D. 124.

86. — **Plaque** ovale, en cuivre émaillé et doré. Une sainte (?) debout, couronnée, vue de face.

Art limousin, xiie s.

H. 0,10 ; L. 0,06. Don 1909, Coll. Gay. — Inv. 6273.

87. — **Plaque** quadrilobée, en cuivre émaillé et doré. La vision de saint François d'Assise.

Art limousin, prem. moitié du xiiie s. (Voir n° 110.)

L. 0,208. Acq. 1851. — Inv. des Sculptures, 84 ; D. 81. — (Pl. XV.)

88. — **Plaque de reliure** en cuivre émaillé et doré. Le Christ en croix, entre la Vierge et saint Jean. Figures réservées et ciselées, sur fond d'émail. (L'encadrement est moderne.)

Art limousin, xiiie s.

H. 0,315 ; L. 0,195. Legs de M. Charles Séguin, 1908. — Inv. 6173.

89. — **Plaque de reliure** en cuivre émaillé et doré. Le Christ en croix entre la Vierge et saint Jean. Au bas, Adam sortant du sépulcre.

Art limousin, xiiie s.

H. 0,220 ; L. 0,110. Acq. 1828, Coll. Révoil. — MR. R. 249 ; D. 84.

90. — **Plaque de reliure** en cuivre émaillé et doré. Le Christ en croix entre la Vierge et saint Jean ; au bas, Adam sortant du sépulcre.

Art limousin, xiiie s.

H. 0,238 ; L. 0,110. Donation Sauvageot, 1856. — Inv. 941 ; D. 85.

20 ORFÈVRERIES, ÉMAUX ET GEMMES

91. — **Plaque de reliure** en cuivre émaillé et doré. Le Christ de Majesté, assis entre les symboles des quatre évangélistes.

Art limousin, xiiie s.

H. 0,224 ; L. 0,111. Acq. 1828, Coll. Révoil. — MR. R. 248 ; D. 83.

92. — **Plaque** rectangulaire en cuivre émaillé et doré. La Vierge, étendue sur son lit de mort, est entourée des douze apôtres. Fond couvert de rinceaux.

Art limousin, xiiie s.

H. 0,260 ; L. 0,200. Acq. 1828, Coll. Révoil. — MR. R. 243 ; D. 82.

93. — **Plaque** cintrée en cuivre émaillé et doré. Sur un fond de rinceaux émaillés se détache en haut relief la figure de saint Mathieu, assis, tenant un livre.

Art limousin, xiiie s.

H. 0,295 ; L. 0,142. Acq. 1825, Coll. Durand. — MR. 2650 ; D. 120. — (Pl. XV.)

94. — **Plaque** triangulaire en cuivre émaillé et doré. Un apôtre debout, entre deux anges.

Art limousin, xiiie s.

H. 0,148 ; L. 0,143. Acq. 1825, Coll. Durand. — MR. 2681 ; D. 86.

95. — **Plaque** ronde en cuivre émaillé et doré. Le Christ bénissant.

Art limousin, xiii^{e}s.

Diam. 0,065. Acq. 1828, Coll. Révoil. — MR. R. 255 ; D. 139.

96. — **Plaque** carrée en cuivre émaillé et doré. Décorée d'une rosace centrale à quatre lobes dentelés, d'où partent quatre rinceaux fleuronnés.

Art limousin, XIIIe s.

H. et L., 0,058. Acq. 1825, Coll. Durand. — MR. 2670; D. 74.

97. — **Pyxide** en cuivre émaillé et doré, à couvercle conique; décorée d'étoiles et de palmettes.

Art limousin, XIIIe s.

H. 0,107; Diam. 0,07. Donation Sauvageot, 1856. — Inv. 936; D. 126.

98. — **Pyxide** en cuivre émaillé et doré, à couvercle conique surmonté d'une croix moderne. Décorée de bustes d'anges.

Art limousin, XIIIe s.

H. 0.096; Diam. 0,07. Donation Sauvageot, 1856. — Inv. 937; D. 127.

99. — **Pyxide** en cuivre émaillé et doré, à couvercle conique. Décorée de rinceaux et de fleurons. Au couvercle, trois cabochons.

Art limousin, XIIIe s.

H. 0,082; Diam. 0,069. Acq. 1825, Coll. Durand. — MR. 2655; D. 128.

100. — **Pyxide** en cuivre émaillé et doré, à couvercle conique. Décorée d'étoiles à quatre branches, et de palmettes.

Art limousin, XIIIe s.

H. 0,083; Diam. 0,067. Acq. 1825, Coll. Durand. — MR. 2658; D. 129.

101. — **Pyxide** en cuivre émaillé et doré, à couvercle conique. Décorée de fleurs de lis et de rosaces.

Art limousin, xiii° s.

H. 0,083 ; Diam. 0,067. Acq. 1825, Coll. Durand. — MR. 2656 ; D. 130.

102. — **Pyxide** en cuivre émaillé et doré, à couvercle conique, surmonté d'une croix. Décorée de rosaces et de palmettes.

Art limousin, xiii° s.

H. 0,110 ; Diam. 0,065. Donation Sauvageot, 1856. — Inv. 935 ; D. 131.

103. — **Pyxide** en cuivre émaillé et doré, à couvercle conique. Ornée de médaillons contenant des anges en buste.

Art limousin, xiii° s.

H. 0,082 ; Diam. 0,066. Acq. 1825, Coll. Durand. — MR. 2657 ; D. 132.

104. — **Pyxide** en cuivre émaillé et doré, à couvercle conique. Décorée de médaillons contenant des figures d'anges, et de palmettes.

Art limousin, xiii° s.

H. 0,095 ; Diam. 0,067. Acq. 1828, Coll. Révoil. — MR. R. 99 ; D. 133.

105. — **Base d'un reliquaire** en cuivre émaillé et doré. Le pied, triangulaire, est formé d'animaux fantastiques que chevauchent des hommes nus. Au-dessus est rapportée une statuette d'ange (dont les ailes ont été jadis émaillées).

Art limousin, xiii° s.

H. 0,185 ; L. 0,120. Acq. (1904) pour être joint au legs de M. le baron Adolphe de Rothschild. — Inv. 5963.

Pl. XIX.

142. — Plaque ronde.
Art français, xve s.

188. — Plaque ronde.
Art rhénan, xive s.

Pl. XX.

207. — Triptyque de Floreffe.
Art flamand, XIIIe s.

106. — **Chef-reliquaire** en cuivre doré. Il est formé d'une tête de femme, souriante, à longs cheveux. Le dessus de la tête forme couvercle.

Art limousin, XIIIe s.

H. 0,315. Don de Mme O. Homberg, 1907. — Inv. 6120. — (Pl. XVI.)

107. — **Figure d'applique** en cuivre doré. Le Christ de Majesté, assis sur un trône.

Art limousin, XIIIe s.

H. 0,265. Acq. 1828, Coll. Révoil. — MR. R. 305 ; D. 715.

108. — **Figure d'applique** en cuivre doré. Un roi mage, agenouillé, de profil à droite, tenant des deux mains une coupe.

Art limousin, XIIIe s.

H. 0,14. Don de M. Jules Maciet, 1903. — Inv. 5933.

109. — **Masque funéraire** en cuivre doré. Le visage, imberbe, est encadré d'un capuchon qui recouvre le cou.

Art limousin, fin du XIIIe s. ou com{t} du XIVe.

H. 0,37 ; L. 0,24. Legs de M. le comte Isaac de Camondo, 1911. — Inv. 6485.

110. — **Reliquaire** de saint François d'Assise. Cuivre émaillé et doré. A la face de la partie supérieure, qui est quadrilobée, le saint debout entre des arbres fleuris, et au-dessus de lui, le séraphin en croix ; au revers, des cabochons. Au pied, deux groupes de paons affrontés à des vases (voir n° 87).

Art limousin, XIIIe s.

H. 0,355 ; L. 0,205. Acq. 1899. — Inv. 4083.

111. — **Statuette-reliquaire** en cuivre émaillé et doré. La Vierge assise, tenant l'Enfant-Jésus sur ses genoux. Sur les côtés du trône, l'Annonciation.

Art limousin, xiiie s.

H. 0,225. Acq. 1825, Coll. Durand. — MR. 2654; D. 121.

ORFÈVRERIE ET ÉMAILLERIE CHAMPLEVÉE. — ÉCOLES DIVERSES

112. — **Médaillon d'applique** en cuivre émaillé, de forme quadrilobée. Il est décoré de petites rosaces et de croix, dans un champ circulaire.

Époque gothique.

H. 0,058; L. 0,058. Acq. 1828, Coll. Révoil. — MR. R. 256; D. 154.

113. — **Plaque** ronde en cuivre émaillé et doré. Sainte Élisabeth, en buste.

Art italien, xive s.

Diam. 0,074. Acq. 1864. — Inv. 2011; D. 165.

114. — **Plaque** ronde en cuivre émaillé et doré. Un saint abbé, assis sur un trône, vu de face.

Art italien, xive siècle.

Diam. 0,072. Acq. 1825, Coll. Durand. — MR. 2682; D. 163.

115. — **Plaque** ronde en cuivre jadis émaillé et doré. La Vierge assise sur un trône, et tenant l'enfant Jésus.

Art italien, début du xve s.

Diam. 0,083. Acq. 1903. — Inv. 5885. Catal. des Bronzes (1904), n° 687.

116. — **Écusson d'applique** en cuivre émaillé et doré. La fleur de lis de Florence.

Art italien, xve s.

H. 0,11. Don 1909, Coll. Gay. — Inv. 6284.

117. — **Boîte aux saintes huiles** en cuivre émaillé et doré. La caisse est décorée de huit plaques émaillées, à personnages. Au toit, une inscription latine.

xive s.

H. 0,10; L. 0,14. Legs de M. Piet-Lataudrie, 1909. — Inv. 6335.

118. — **Pendeloque** en cuivre jadis émaillé et doré. Au centre une femme assise sous un dais gothique; de chaque côté, un lion.

Art espagnol, xve s.

Diam. 0,060. Legs Davillier, 1883. — Inv. 3026. Catal. des Bronzes (1904), n° 424.

119. — **Pendeloque** en cuivre jadis émaillé et doré. Au centre un monogramme formé de trois minuscules; sur la bordure, une inscription espagnole.

Art espagnol, xve s.

Diam. 0,058. Legs Davillier, 1883. — Inv. 3025. Catal. des Bronzes (1904), n° 425.

ÉPOQUE GOTHIQUE. — FRANCE

120. — **Agrafe** de manteau, en argent doré, en forme de losange; dite « agrafe du manteau royal de saint Louis ». Elle est décorée d'une grande fleur de lis gemmée.

Art français, xiii-xive s.

H. 0,187; L. 0,165. Trésor de l'abbaye de Saint-Denis. — MR. IV, 345; D. 941.

121-122. — **Anges** (deux) en argent doré, debout, portant des reliquaires.

Art français, xve s.

H. 0,39. Chapelle de l'Ordre du Saint-Esprit. — MR. XIII, 550-551 ; D. 944 et 945.

123. — **Bague** en or, montée d'un saphir taillé en table. Sur la pierre est gravée la figure de saint Louis debout. (Bague dite de saint Louis, d'après l'inscription gravée dans l'anneau.)

Art français, xve s.

L. 0,023. Trésor de l'abbaye de Saint-Denis. — MR. 92 ; D. 947.

124. — **Bijou** de forme ronde, en argent doré. Autour d'une rosace hexagonale en émail translucide, des cabochons montés dans de hautes bâtes.

Art français, xive s.

Diam. 0,045. Legs de M. Piet-Lataudrie, 1909. — Inv. 6336.

125. — **Buste-reliquaire** de saint Martin ; en argent doré, décoré d'émaux translucides. Le saint est en buste, barbu, coiffé d'une mitre.

Art limousin, xive et xve s.

H. 0,38 ; L. 0,315. Provient de l'église de Saint-Martin de Soudeilles (Corrèze). Don de M. J. Pierpont Morgan, 1911. — Inv. 6459. — (Pl. XVI.)

126. — **Ciboire** en cuivre doré. Coupe et couvercle en hémisphères aplatis, cerclés par une monture crénelée. Au sommet, le Christ avec la Vierge et saint Jean.

Art français (?), xve s.

H. 0,345 ; Diam. 0,100. Donation Sauvageot, 1856. — Inv. 585 ; D. 732.

Pl. XXI.

221. — Baiser de paix.
Art italien, 1510.

219. — Baiser de paix.
Art italien, XVᵉ-XVIᵉ S.

Pl. XXII.

228. — Burette.
Art italien, XVᵉ-XVIᵉ s.

231. — Ciboire.
Art italien, XVIᵉ s.

127. — **Coupe** (petite) en agate herborisée, montée sur un pied en or, d'architecture gothique, orné de figurines et d'initiales.

Art français, xvᵉ s.

H. 0,103. Anc. coll. de la Couronne. — MR. 119; D. 735.

128. — **Couronne** en argent doré, fleuronnée, ornée de verroteries.

Art français, xivᵉ s.

H. 0,043; Diam. 0,050. Donation Sauvageot, 1856. — Inv. 637; D. 725.

129. — **Croix-reliquaire** en or. Le pied, de style gothique très ouvragé, est couvert de bas-reliefs et de figurines, représentant des scènes de la vie du Christ, et des saints; il supporte la croix (restaurée). Deux branches latérales supportent les statuettes de la Vierge et de saint Jean.

Art français, seconde moitié du xivᵉ s.

H. 0,20. Donation Ad. de Rothschild, 1901; n° 90 du Catalogue. — Inv. 5639.

130. — **Diptyque** en argent émaillé et doré, orné de pierres fines. Extérieur : volet droit, le Calvaire; volet gauche, le Baptême du Christ. — Intérieur : volet droit, l'Annonciation; volet gauche, sainte Marguerite.

Art français, xivᵉ s.

H. 0,052; L. 0,075. Donation Sauvageot, 1856. — Inv. 939; D. 727.

131. — **Fermail** en argent doré, octogonal. Décoré de pierreries séparées par un semis de petites feuilles.

Art français (?), xiiiᵉ s.

L. 0,062. Don 1909, Coll. Gay. — Inv. 6287.

132. — **Fermail** quadrilobé, en argent émaillé et doré. Au centre, une jeune femme va poser une couronne sur la tête d'un jeune homme agenouillé. Sur la bordure, l'inscription : ANNES : DE LONGIAVE.

Art français, xive s.

Diam. 0,029. Donation Sauvageot, 1856. — Inv. 608 ; D. 186.

133. — **Fermail** annulaire, en argent niellé et doré. La face et le revers portent des inscriptions françaises.

Art français, xve s.

Diam. 0,020. Donation Sauvageot, 1856. — Inv. 609 ; D. 737.

134 — **Fermail** annulaire, en argent niellé et doré. Sur une face, une inscription française ; sur l'autre, des feuillages.

Art français, xve s.

Diam. 0,022. Donation Sauvageot, 1856. — Inv. 610 ; D. 721.

135. — **Fermail** en argent doré, de forme hexagonale. Il est décoré de six couronnes.

Art français, xve s.

Diam. 0,06. Don 1909, Coll. Gay. — Inv. 6286.

136. — **Médaillon** ovale, en argent émaillé. Saint Jean l'Évangéliste, debout dans un paysage.

Art français, xive s.

H. 0,033 ; L. 0,025. Don 1909, Coll. Gay. — Inv. 6283.

137. — **Monstrance** en cuivre doré. Tube cylindrique, filigrané, supporté par un pied rond.

Art français, xiiie s.

H. 0,24. Don 1909, Coll. Gay. — Inv. 6291.

138. — **Monstrance** cylindrique, en argent partiellement doré. Elle est formée par un cylindre vertical en verre, décorée d'architectures et de statuettes, et supportée par un pied à six lobes.

Art français, fin du xve s.

H. 0,377. Donation Sauvageot, 1856. — Inv. 586 ; D. 733.

139. — **Plaques de gants** (deux), décorées d'émaux cloisonnés. Trouvées à l'abbaye de Preuilly (Seine-et-Marne) dans le tombeau de Jean de Tanlay, évêque du Mans, † 1294.

Art français, xiiie s.

Acq. 1893. — Inv. 3437 et 3438.

140. — **Plaque** rectangulaire en argent émaillé. Saint Jean l'Évangéliste debout, tenant un calice d'où s'échappent trois serpents.

Art français, fin du xive s.

H. 0,040 ; L. 0,031. Acq. 1825, Coll. Durand. — MR. 2651 ; D. 185.

141, 142, 143, 144. — **Quatre plaques** rondes, en or émaillé. Le baptême du Christ. — Le Christ à la colonne. — Le Christ cloué sur la croix. — Le calvaire.

Art français, commencement du xve s.

Diam. 0,069. Acq. 1825, Coll. Durand. — MR. 2590, 2604, 2605, 2606 ; D. 179 à 182. — (Pl. XIX.)

145. — **Plaque** rectangulaire, en or émaillé. Saint Jean-Baptiste prêchant.

Art français, début du xve s.

H. 0,062 ; L 0,054. Acq. 1825, Coll. Durand. — MR. 2679 ; D. 183.

146. — **Plaque** ronde, en argent émaillé. La Crêche : l'Enfant Jésus couché à terre entre la Vierge et saint Joseph; au dehors, trois bergers.

Art français (ou allemand ?), fin du xv{\raisebox{0.5ex}{\tiny e}} s.

Diam. 0,049. Donation Sauvageot, 1856. — Inv. 1004; D. 184.

147. — **Reliquaire** en argent et en or, émaillé et gemmé. Il est en forme de retable, décoré de figures de saints.

Art français, début du xve s.

H. 0,445 ; L. 0,15. Chapelle de l'Ordre du Saint-Esprit. — MR. 552 ; D. 946. — (Pl. XVII.)

148. — **Sceau** formé d'une cornaline ovale, gravée d'une tête de guerrier, et sertie dans une monture en or sur laquelle est gravée l'inscription : S. CECRETI.

XIIIe-XIVe s.

H. 0,023 ; L. 0,019. Acq. 1828, Coll. Révoil. — MR. R. 235 ; D. 724.

149. — **Sceptre** en or, orné de pierreries; au sommet, statuette de Charlemagne assis ; au nœud, en bas-relief, trois scènes de la légende de Charlemagne.

Art français, seconde moitié du xive s.

Ancien sceptre de Charles V († 1380). (Restauré au xixe s.). Trésor de l'abbaye de Saint-Denis. — D. 943. — (Pl. VI.)

150. — **Statue** en argent doré ; la Vierge, portant l'enfant Jésus, debout sur un soubassement orné de quatorze plaques d'émaux translucides représentant des scènes de la vie du Christ. Donnée à l'abbaye de Saint-Denis par la reine Jeanne d'Evreux (veuve de Charles IV le Bel) en 1339.

Art français, xive s.

H. totale 0,69 ; H. de la Vierge 0,55 ; — H. des plaques 0,063 ; L. 0,045. Trésor de l'abbaye de Saint-Denis. — MR. IV, 419 et 342; D. 942. — (Pl. XVII.)

151. — **Statuette-reliquaire** en argent et en cuivre doré. Un homme nu (saint Laurent?) couché sur un gril, tenant dans ses mains la représentation d'un doigt.

Art français, xive s.

H. 0,067 ; L. 0,185. — D. 722.

152. — **Statuette** en argent partiellement doré. La Vierge, assise, allaitant l'enfant Jésus. Base en cuivre doré.

Art français, xve s.

H. 0,235. Donation Sauvageot, 1856. — Inv. 563 ; D. 729.

ÉPOQUE GOTHIQUE. — PAYS DIVERS

153. — **Agrafe** (fragment d') en argent émaillé et doré. Elle est formée de deux disques ; sur l'un, saint Barthélemy en buste.

Art italien, com^t du xve s.

L. 0,080. Legs Davillier, 1883. — Inv. 3015 ; D. 1032.

154. — **Aspersoir** en argent doré et émaillé, et en cristal de roche. La tige se compose d'une série de frises cylindriques, décorées de filigranes et d'émaux.

Art italien, fin du xve s.

L. 0,315. Donation Ad. de Rothschild, 1901 ; n° 11 du Catalogue. — Inv. 5561.

155. — **Bague** en or ; sur le chaton, un écusson gravé.

xive s.

L. 0,020. Legs Davillier, 1883. — Inv. 2991 ; D. 1008.

156. — **Bague** en or, à chaton méplat très élevé, enchâssant un grenat cabochon.

XIVe-XVe s.

L. 0,028. Donation Sauvageot, 1856. — Inv. 668 ; D. 726.

157. — **Bague** en or, montée d'une aigue-marine. Sur l'anneau, des feuillages ciselés.

XVe s.

H. 0,025 ; L. 0,023. Acq. 1828, Coll. Révoil. — MR. R. 232 ; D. 739.

158. — **Bague** en or, montée d'un saphir. Le chaton très saillant est accompagné de deux têtes de dragons.

XVe s.

H. avec le chaton 0,034. Donation Sauvageot, 1856. — Inv. 664 ; D. 740.

159. — **Bague** en or, à anneau plat gravé, montée d'un saphir gravé.

Art anglais (?), XVe s.

L. 0.024. Acq. 1828, Coll. Révoil. — MR. R. 229 ; D. 738.

160. — **Bague** en argent doré. Chaton formé de plaques carrées, superposées en pyramide.

XVe s.

H. avec le chaton 0,046. Ancien fonds. — D. 742.

161. — **Bague** en cuivre doré. Sur le chaton, un écu armorié.

XVe s.

L. 0,025 ; D. 744.

Pl. XXIII.

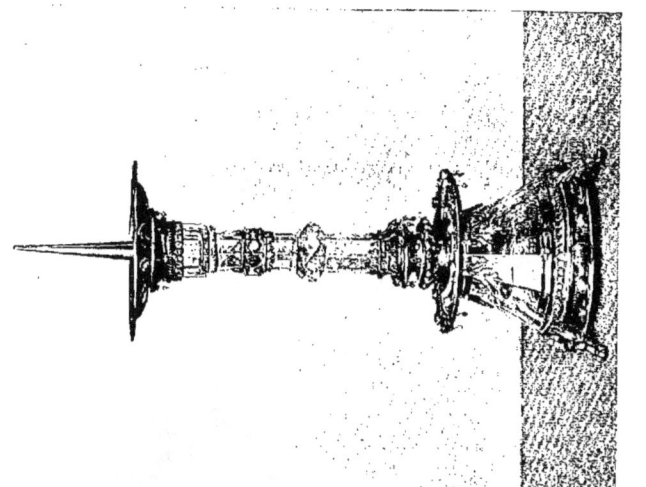

241. — Flambeau.
Art italien. XVIᵉ s.

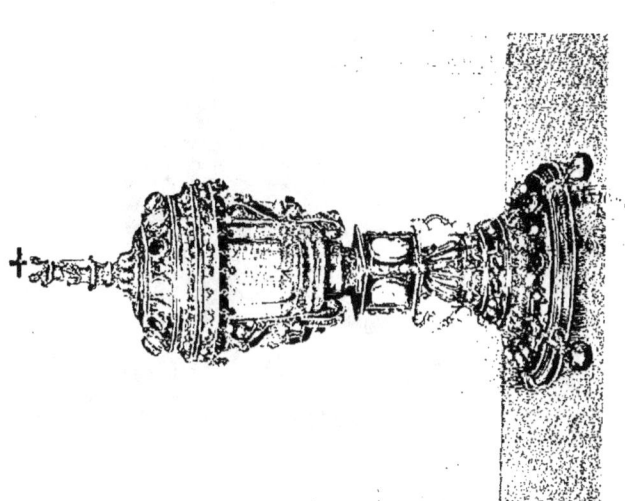

230. — Ciboire.
Art italien. XVIᵉ s.

Pl. XXIV.

226. — Bénitier. Art italien, xvie s.

261. — Plaquette. Art italien, xve s.

162. — **Baiser de paix** en argent doré et émaillé. Saint Georges à cheval, terrassant le dragon. Au revers, l'inscription : « 1453, Hans Fuog ».

Art allemand, xve s.

H. 0,23. Donation Ad. de Rothschild, 1901 ; n° 24 du Catalogue. — Inv. 5574.

163. — **Baiser de paix** en argent doré. Sous une arcature trilobée, la Vierge et l'Enfant Jésus, adorés par saint Benoît et saint Bernard.

Art espagnol (?), com^t du xvie s.

H. 0,19 ; L. 0,115. Donation Ad. de Rothschild, 1901 ; n° 69 du Catalogue. — Inv. 5619.

164. — **Boîte d'Agnus Dei**, en argent doré et émaillé, de forme ronde ; sur une face, l'adoration des Mages ; sur l'autre un médaillon en nacre : saint Georges.

Art allemand (?), xve s.

Diam. 0,09. Donation Ad. de Rothschild, 1901 ; n° 25 du Catalogue. — Inv. 5575.

165. — **Boîte aux saintes huiles**, en argent ; elle a la forme d'un édifice rectangulaire, surmonté d'un toit à deux rampants.

Art flamand, xve s.

H. 0,19 ; L. 0,095. Donation Ad. de Rothschild, 1901 ; n° 22 du Catalogue. — Inv. 5572.

166. — **Bras-reliquaire** de saint Louis de Toulouse ; en cristal de roche, et en argent émaillé et doré. Il est décoré de feuillages et d'armoiries.

Art italien, xive s. (vers 1338).

H. 0,60. Donné par Mme F. Spitzer en souvenir de son mari, 1891. — Inv. 3254 ; D. 1109.

Orfèvreries, Émaux et Gemmes.

167. — **Calice** en argent émaillé et doré. A la coupe, des rinceaux ; au pied, des scènes de la Passion.

Art espagnol, xiv° s.

H. 0,24. Acq. 1893. — Inv. 3359.

168. — **Coupe** en cuivre doré (moitié inférieure d'une). Elle est décorée de six bustes d'apôtres.

Art allemand (?), xiii° s.

H. 0,05 ; Diam. 0,15. Don 1909, Coll. Gay. — Inv. 6290.

169. — **Croix** en argent émaillé. Sur la face sont figurés les instruments de la Passion ; au bas, sainte Hélène, à mi-corps.

Art siennois, xiv° s.

H. 0,060 ; L. 0,038. Legs Davillier, 1883. — Inv. 2957.

170. — **Croix** en argent émaillé. A la face est fixé un Christ en argent doré ; à ses pieds, la Madeleine.

Art siennois, xiv° s.

H. 0,060 ; L. 0,038. Legs Davillier, 1883. — Inv. 2957.

171. — **Croix**. Monture en argent doré, enrichie d'émeraudes, qui sertit un petit camée byzantin, représentant sur une face le Christ en croix et sur l'autre la Vierge avec l'Enfant Jésus.

Art italien, xv° s.

H. 0,14. Donation Ad. de Rothschild, 1901 ; n° 10 du Catalogue. — Inv. 5560.

172. — **Croix-reliquaire** en argent, jadis émaillée. Elle est ornée de douze bustes de saints, dans des médaillons.

Art italien, xiv° s.

H. 0,080 ; L. 0,065. Don 1909, Coll. Gay. — Inv. 6292.

173. — Cuiller à encens, en argent doré. Cuilleron en forme de pelle ; manche en bois, surmonté d'un pommeau fleuronné.

xve s.

H. 0,27. Donation Ad. de Rothschild, 1901 ; n° 26 du Catalogue. — Inv. 5576.

174. — Petit diptyque en or, émaillé sur relief. La Vierge et l'Enfant ; le Christ de douleurs.

Art espagnol (?), fin du xve s.

H. 0,043 ; L. tot. 0,055. Legs de M. Ch. Séguin, 1908. — Inv. 6174.

175. — Fermail rond, en argent doré. Sur la face est gravée une inscription.

xve s.

Diam. 0,226. Legs Davillier, 1883. — Inv. 3014 ; D. 1031.

176. — Fermoirs de livre (deux) en or émaillé, enrichis de perles. Ils portent deux plaques émaillées, représentant saint Jean l'Évangéliste et saint Jacques le Majeur.

Art français (?), xve s.

L. 0,085 ; Larg. 0,018. Donation Ad. de Rothschild, 1901 ; n° 82 du Catalogue. — Inv. 5632.

177. — Flambeau d'autel (petit) en argent doré. Nœud en forme d'édicule ; pied à six lobes orné de trois médaillons émaillés.

Art italien, prem. moitié du xve s.

H. 0,195. Donation Ad. de Rothschild, 1901 ; n° 9 du Catalogue. — Inv. 5559.

178. — **Hanap** en argent doré ; en forme de cône, monté sur un pied et surmonté d'un couvercle ; il est couvert d'un semis d'alvéoles.

Art hongrois (?), xv-xvi° s.

H. 0,33. Legs Davillier 1883. — Inv. 3051 ; D. 1072.

179, 180, 181. — **Trois médaillons.** Peintures sous verre, à figures en or sur fond noir : la Nativité ; le Christ en Croix ; la Nativité.

Art italien, xiv° s.

Diam. 0,066 ; 0,072 ; 0,068. Acq. 1904. — Inv. 5965, 5966, 5967.

182. — **Monstrance** en argent doré et émaillé. Elle est de forme cylindrique, verticale ; la tige, dont le nœud est composé d'un édicule, se dresse sur une base ronde, ornée de feuillages.

xv° s.

H. 0,353. Donation Ad. de Rothschild, 1901 ; n° 13 du Catalogue. — Inv. 5563.

183. — **Monstrance** en cuivre doré, d'architecture gothique, ornée de statuettes. Au pied sont gravées des scènes de l'ancien et du nouveau Testament.

Art allemand, com^t du xvi° s.

H. 0,72. Donation Sauvageot, 1856. — Inv. 587 ; D. 734.

184. — **Monstrance** en argent doré ; elle est formée par un édicule gothique, quadrangulaire, surmonté d'un toit au-dessous duquel est figurée la Descente de croix. La tige élevée qui la supporte est munie d'un nœud, en forme d'édicule gothique ; la base, à six lobes, repose sur six têtes humaines.

Art portugais, début du xvi° s.

H. 0,71. Donation Ad. de Rothschild, 1901 ; n° 92 du Catalogue. — Inv. 5641.

Pl. XXV.

278. — Médaillon. Art français, xvi⁰ s.

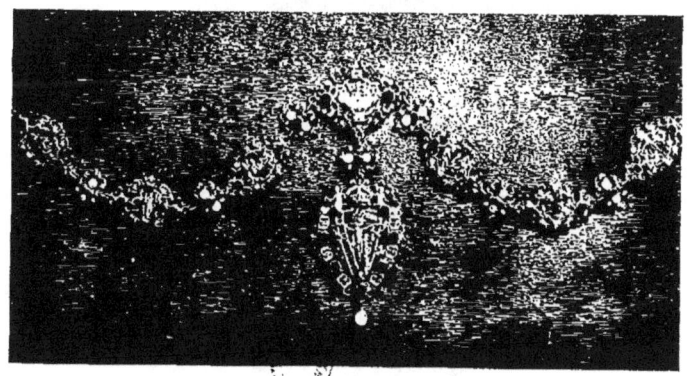

334. — Collier. Art allemand, xvi⁰ s.

Pl. XXVI.

270. — Bouclier de Charles IX.
Art français, xvi⁰ s.

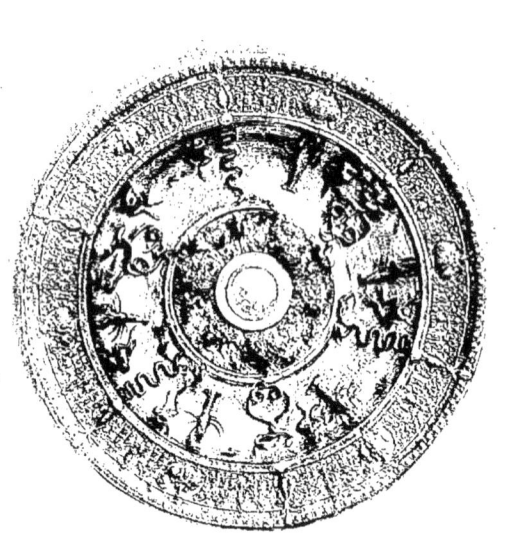

324. — Bassin.
Par W. Jamnitzer.

185. — **Navette à encens**, en lapis-lazuli, montée en or émaillé. Le pied est muni d'un nœud en forme d'édicule, orné de figurines.

Art vénitien, xve s.

H. 0,182; L. 0,205. Donation Ad. de Rothschild, 1901 ; n° 6 du Catalogue. — Inv. 5556.

186. — **Plaque.** Peinture sous verre : la Vierge assise sur un grand trône, et portant l'enfant Jésus.

Art italien, xive s.

H. 0,16; L. 0,17. Legs Davillier, 1883. — Inv. 3109.

187. — **Plaque** ronde, en argent émaillé et doré. Le Christ en buste, bénissant et tenant le livre.

Art italien (?), xive s.

Diam. 0,050. Acq. 1825, Coll. Durand. — MR. 2671 ; D. 174.

188, 189. — **Plaques** rondes (deux) en or émaillé. Dieu le Père entre saint Jean-Baptiste et saint Charlemagne. La Vierge et l'Enfant Jésus, entre sainte Catherine et un martyr.

Art rhénan, seconde moitié du xive s.

Diam. 0,068. Acq 1825, Coll. Durand. — MR. X, n° 12 et 13; D. 177 et 178. — (Pl. XIX.)

190. — **Plaque** d'argent niellée : le Couronnement de la Vierge ; au-dessous, six saints à mi-corps.

Seconde moitié du xive s.

H. 0,073; L. 0,068. Donation Ad. de Rothschild, 1901 ; n° 17 du Catalogue. — Inv. 5567.

38 ORFÈVRERIES, ÉMAUX ET GEMMES

191, 192, 193, 194. — **Plaques** quadrilobées (quatre) en argent gravé, jadis émaillé. Elles représentent, en buste : l'ange de l'Annonciation ; la Vierge ; saint Pierre ; saint Paul.

Art italien, première moitié du xve s.

L. 0,052. Legs Davillier, 1883. — Inv. 3027 ; D. 1044-1047.

195. — **Plaque de reliure**, en argent émaillé et doré ; au centre, la mise au Tombeau ; cadre décoré de rosaces découpées ou filigranées, et de médaillons représentant les Pères de l'Église.

Art italien, xve et xvie s.

L. 0,187 ; H. 0,150. Donation Ad. de Rothschild, 1901 ; n° 14 du Catalogue. — Inv. 5564.

196. — **Plat creux** en argent partiellement doré. Sur l'ombilic, un cerf courant. Dans le fond, une grande rosace.

Art espagnol (?), xive s.

H. 0,045 ; Diam. 0,197. Donation Sauvageot, 1856. — Inv. 643 ; D. 728.

197. — **Pyxide** en argent doré, de forme allongée, et à six pans ; surmontée d'une croix.

Art espagnol, com^t du xvie s.

H. 0,15 ; L. 0,10. Legs Davillier, 1883. — Inv. 3055 ; D. 1075.

198. — **Reliquaire** en argent doré. En forme d'édicule, supporté par un pied dont le nœud est orné d'un saphir.

Art flamand ou allemand, xive siècle.

H. 0,14. Donation Ad. de Rothschild, 1901 ; n° 3 du Catalogue. — Inv. 5554. — (Pl. XVIII.)

199. — **Reliquaire** en argent émaillé et doré. Édicule gothique supporté par une tige, et accompagné de deux anges en ronde bosse. Poinçon de Barcelone.

Art espagnol, xvᵉ s.

H. 0,805. Donation Ad. de Rothschild, 1901 ; n° 15 du Catalogue. — Inv. 5565.

200. — **Reliquaire** en argent doré ; en forme d'un édifice gothique, orné de statuettes ; le pied, dont un édicule forme le nœud, est à huit lobes.

Art espagnol, xvᵉ s.

H. 0,55. Donation Ad. de Rothschild, 1901 ; n° 19 du Catalogue. — Inv. 5569.

201. — **Reliquaire** en argent émaillé et doré ; formé par un médaillon monté sur un pied à six lobes. A la face principale du médaillon, le baptême du Christ.

Art flamand, xvᵉ s.

H. 0,275. Donation Ad. de Rothschild, 1901 ; n° 16 du Catalogue. — Inv. 5566.

202. — **Reliquaire** en argent doré, supporté par un pied de style gothique ; il est formé par un médaillon rond, flanqué de clochetons, et orné d'une plaque d'argent niellée, du xviᵉ s.

Art flamand, fin du xvᵉ s.

H. 0,28. Donation Ad. de Rothschild, 1901 ; n° 67 du Catalogue. — Inv. 5617.

203. — **Reliquaire** en argent émaillé et doré. Rosace encadrée de contreforts, contenant un émail qui représente la Vierge et l'Enfant Jésus ; elle est supportée par un pied à six lobes, et surmontée par une statuette de saint Jacques.

Art espagnol (?), début du xviᵉ s.

H. 0,31 ; L. 0,12. Donation Ad. de Rothschild, 1911 ; n° 68 du Catalogue. — Inv. 5618.

204. — **Sceau** en argent, muni d'une tige ajourée, et gravé d'armoiries.

Art espagnol, xve s.

H. 0,030; Diam. 0,021. Legs Davillier, 1883. — Inv. 2937.

205. — **Seau** à eau bénite, en porphyre, monté en orfèvrerie. (Restauré.)

xiiie s.

H. 0,10; Diam. 0,13. Donation Ad. de Rothschild, 1901 ; n° 2 du Catalogue. — Inv. 5553.

206. — **Statuette** (grande) en argent doré. La Vierge debout, portant l'Enfant Jésus.

Art allemand, xve s.

H. 0,65. Donation Ad. de Rothschild, 1901 ; n° 23 du Catalogue. — Inv. 5573.

207. — **Triptyque-reliquaire**, en argent doré. Au centre, dans une niche, deux anges debout, en ronde-bosse, portant une croix ; aux volets, diverses figures en ronde-bosse. Le revers est orné de figures gravées.

Art flamand, xiiie s. (Provient de l'abbaye de Floreffe).

H. 0,79; Larg. (ouvert) 0,92. Donation Ad. de Rothschild, 1901 ; n° 1 du Catalogue. — Inv. 5552. — (Pl. XX.)

208. — **Triptyque** (petit) en argent émaillé et doré. La partie centrale est divisée en huit arcatures, contenant des scènes de l'enfance du Christ. A l'intérieur des volets, figures émaillées de sainte Barbe et de saint Adrien.

Art rhénan, fin du xive s.

H. 0,054 ; Larg. (ouvert) 0,141. Donation Ad. de Rothschild, 1901 ; n° 18 du Catalogue. — Inv. 5568.

209. — **Volets de triptyque** (deux), en cuivre doré. A la face, sur chaque volet, deux saints. Au revers est gravée l'Annonciation, avec une inscription donnant le nom de l'orfèvre Bensel, de Nuremberg.

Art allemand, xve s.

H. 0,125 ; L. 0,047 (chaque volet). Don 1909, Coll. Gay. — Inv. 6288.

RENAISSANCE. — ART ITALIEN

210. — **Aspersoir** en argent doré et en cristal de roche ; le décor, divisé par zones horizontales, est composé de rinceaux et d'émaux peints.

Art italien, fin du xve s.

L. 0,315. Donation Ad. de Rothschild, 1901, n° 11 du Cat. — Inv. 5561.

211. — **Bague** en cuivre doré, montée d'un cristal de roche. Elle porte les armes des Piccolomini et le nom du Pape Pie II (1459-1464).

Art italien, xve s.

H. 0,040.

212. — **Bague** en cuivre doré, montée d'un cristal de roche ; aux armes d'un prélat de la famille Della Rovere.

Art italien, xve s.

H. 0,044.

213. — **Bague** en cuivre doré. L'anneau, décoré de feuillages, enchâsse un jaspe vert, gravé d'un papillon.

Art italien (?), fin du xve s.

H. 0,038. Acq. 1825, Coll. Durand. — D. 745.

214. — **Bague** en or, à chaton armorié.

Art italien, xve-xvie s.

H. 0,023. Legs Davillier, 1883. — Inv. 2992; D. 1009.

215. — **Bague** en argent ; au chaton, une tête de femme gravée et niellée.

Art italien, début du xvie s.

H. 0,020. Legs Davillier, 1883. — Inv. 2993 ; D. 1010.

216. — **Baiser de paix** en bronze doré, orné de plaques d'argent niellées, dont la principale représente le Christ à mi-corps dans le tombeau.

Art italien, xve s.

H. 0,15 ; L. 0,095. Legs Davillier, 1883. — Inv. 3031 ; D. 1055.

217. — **Baiser de paix** en cuivre doré et en argent émaillé. Au centre une miniature : le Christ à la colonne.

Art italien, fin du xve s.

H. 0,19 ; L. 0,10. Acq. 1884. — Inv. 2632; D. 1111.

218. — **Baiser de paix** en bronze doré, décoré d'un grand nielle : l'Adoration des Mages.

Art florentin, fin du xve s.

H. 0,31 ; L. 0,16. Acq. 1884. — Inv. 2630 ; D. 1112.

219. — **Baiser de paix** en argent doré, décoré d'émaux et de peintures sous cristal. Il est en forme de tabernacle, avec soubassement, pilastres et entablement. Au centre (peinture sous verre), le Calvaire. Le revers est décoré de divers sujets en émail.

Art italien, vers 1500.

H. 0,37; L. 0,16. Chapelle de l'Ordre du Saint-Esprit. — MR. XIII, 553 ; D. 948. — (Pl. XXI.)

220. — **Baiser de paix** en argent doré et émaillé. Édicule à colonnes, monté sur un soubassement. Au centre une peinture sous cristal, qui représente sainte Véronique essuyant la face du Christ.

Art italien, vers 1500.

H. 0,23; L. 0,154. Donation Ad. de Rothschild, 1901 ; n° 12 du Catalogue. — Inv. 5562.

221. — **Baiser de paix** en bronze et en argent émaillé. Dans un encadrement d'architecture, la figure de saint Léonard, en argent repoussé. — Au revers, inscription donnant le nom de l'orfèvre, maître Philippe de Sulmona, 1510.

Art italien, 1510.

H. 0,192; L. 0,98. Donation Ad. de Rothschild, 1901 ; n° 30 du Catalogue. — Inv. 5580. — (Pl. XXI.)

222. — **Baiser de paix** en bronze doré, orné de plaques d'argent niellées. La principale représente l'Ecce Homo.

Art italien, début du xvie s.

H. 0,13; L. 0,085. Legs Davillier, 1883. — Inv. 3033; D. 1057.

223. — **Baiser de paix** en cuivre doré et en argent émaillé. Au centre, une peinture sous cristal : sainte Madeleine et l'archange saint Michel.

Art italien, xvie s.

H. 0,123; L. 0,070. Donation Ad. de Rothschild, 1901 ; n° 32 du Catalogue. — Inv. 5582.

224. — **Baiser de paix** en bronze doré et en argent repoussé et niellé. Façade architecturale ornée de pilastres. Au centre, la Vierge du Rosaire, avec l'enfant Jésus.

Art italien, xvie s.

H. 0,175; L. 0,117. Donation Ad. de Rothschild, 1901 ; n° 29 du Catalogue. — Inv. 5579.

225. — **Baiser de paix** (Grand) décoré de peintures sous cristal, de colonnettes en cristal, et de motifs émaillés, le tout monté sur un cadre en ébène. La peinture centrale représente l'Adoration des bergers.

Art italien (?), XVIe s.

H. 0,38; L. 0,205. Donation Ad. de Rothschild, 1901 ; n° 28 du Catalogue. — Inv. 5578.

226. — **Bénitier portatif** en jaspe fleuri, avec monture en argent doré, décorée de feuillages et de têtes de chérubins. Il est muni de son aspersoir.

Art italien, début du XVIe s.

H. 0,11; D. 0,112. Chapelle de l'Ordre du Saint-Esprit. — MR. XIII, 556; D. 955. — (Pl. XXIV.)

227. — **Boîte de livre**, montée en argent doré. Les plats sont encadrés de cuirs découpés et de cartouches ; aux angles, des plaquettes représentant les Évangélistes et les Pères de l'Église. Aux fermoirs : figures de saint Pierre et de saint Paul.

Art italien, XVIe s.

H. 0,204; L. 0,160; Ép. 0,042. Donation Ad. de Rothschild, 1901; n° 44 du Catalogue. — Inv. 5594.

228. — **Burettes** (deux) en cristal de roche, montées en argent émaillé et doré.

Art italien, fin du XVe s. ou début du XVIe.

H. 0,17; Diam. 0,06. Chapelle de l'Ordre du Saint-Esprit. — MR. 548, 549; D. 951-952. — (Pl. XXII.)

229. — **Chaîne** de ceinture, en vermeil, ornée de filigranes et de mufles de lion, formée de seize plaques.

Art vénitien, fin du XVIe s.

L. 0,945. Donation Sauvageot, 1856. — Inv. 604 ; D. 755.

Pl. XXVII.

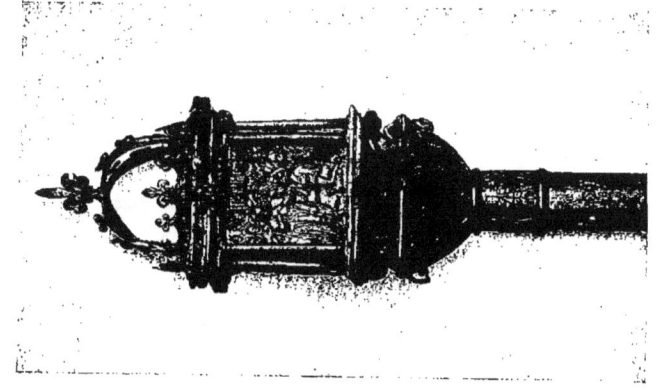

277. — Masse.
Art français, XVIe s.

276. — Encensoir.
Art français, XVIe s.

Pl. XXVIII.

333. — Chope.
Art suisse, XVI-XVIIe s.

286. — Aiguière.
Art flamand, XVIe s.

230. — **Ciboire** en cristal de roche, monté en argent doré, orné de camées et de pierreries.

Art italien, début du xvie s.

H. 0,33. Chapelle de l'Ordre du Saint-Esprit. — MR. 547 ; D. 950. — (Pl. XXIII.)

231. — **Ciboire** en argent niellé et doré. A la coupe, que surmonte un couvercle, quatre figurines en ronde bosse. Au pied, huit apôtres en buste, et huit plaques niellées représentant des anges.

Art italien, xvie s.

H. 0,41. Donation Ad. de Rothschild, 1901 ; n° 27 du Catalogue. — Inv. 5577. — (Pl. XXII.)

232. — **Collier** à deux rangs, en filigrane d'argent doré, orné de rubis.

Art italien (?).

L. 0,395. Donation Sauvageot, 1856. — Inv. 594 ; D. 752.

233. — **Collier** en filigrane d'or, en partie émaillé ; formé de deux éléments différents, réunis par des fleurettes. La pendeloque se termine par un petit grenat.

Art italien (?).

L. 0,36. Donation Sauvageot, 1856. — Inv. 590 ; D. 753.

234. — **Collier** en filigrane d'or, en partie émaillé, formé d'anneaux et de fleurs.

Art italien (?).

L. 0,41. Donation Sauvageot, 1856. — Inv. 589 ; D. 754.

235. — **Croix** en argent, décorée de médaillons en cuivre doré, contenant des plaques en argent émaillé représentant des saints en buste.

Art italien, xve et xvie s.

H. 0,455 ; L. 0,30. Acq. en 1902. — Inv. 5554.

236. — **Croix** en cristal de roche, montée en argent doré ; le pied repose sur six lions.

Art italien, début du xvie s.

H. 0,255 ; L. 0,16. Chapelle de l'Ordre du Saint-Esprit. — MR. 544 ; D. 949.

237. — **Croix** (grande) en cristal de roche, montée en bronze doré et en argent.

Art italien, xvie s.

Legs Dablin, 1864. — Inv. 64 ; D. 754.

238. — **Petite croix** en cristal de roche, garnie de figurines émaillées.

Art italien (?), xvie s.

H. 0,07 ; L. 0,04. Legs de M. Ch. Séguin, 1908. — Inv. 6177.

239. — **Croix-reliquaire** en argent doré ; la face est décorée de sept petits médaillons garnis de peintures sous cristal ; ils représentent le baptême du Christ, les quatre évangélistes, des armoiries, et un saint.

Art italien, xvie s.

H. 0,108 ; L. 0,067. Legs de M. Ch. Séguin, 1908. — Inv. 6176.

240. — **Ferret** en argent doré. Décoré de rinceaux ajourés et de deux médaillons niellés.

Art italien, fin du xve s.

L. 0,06. Don 1909. Coll. Gay. — Inv. 6285.

241. — **Flambeaux** (deux) en cristal de roche, montés en argent doré. Base ornée de pierres fines.

Art italien, début du xvie s.

H. 0,32 ; Diam. du pied 0,12. Chapelle de l'Ordre du Saint-Esprit. — MR. 545 et 546 ; D. 953-954. — (Pl. XXIII.)

ORFÈVRERIE ET ÉMAILLERIE

242. — **Médaille** en or émaillé. A la face, le buste du Christ, de profil. Au revers, une inscription hébraïque.

Art italien, xvie s.

Diam. 0,034. Donation Ad. de Rothschild. 1901 ; n° 33 du Catalogue. — Inv. 5583.

243. — **Médaillon** en argent niellé. Sur une face, la Nativité ; sur l'autre, la Pitié.

Art italien, fin du xve s.

Diam. 0,06. Legs de M. Ch. Séguin, 1908. — Inv. 6175.

244. — **Médaillon** ovale, en argent doré, encadré de palmettes et de volutes ajourées. D'un côté, la Vierge debout, portant l'Enfant Jésus ; de l'autre, saint Jean-Baptiste.

Art italien, début du xvie s.

H. 0,075 ; L. 0,062. Legs Davillier, 1883. — Inv. 2968 ; D. 995.

245. — **Médaillon** rectangulaire ; entre deux plaques de cristal, un saint Jérôme, en relief et émaillé.

Art italien (?), xvie s.

H. 0,033 ; L. 0,037. Legs de M. Ch. Séguin, 1908. — Inv. 6178.

246. — **Médaillon** ovale, en argent ciselé et doré. A chaque face, une miniature sous cristal : la Crucifixion, et saint Jean l'Évangéliste. Encadrement orné de deux figurines.

Art italien, xvie s.

H. 0,068 ; L. 0,41. Donation Ad. de Rothschild, 1901 ; n° 34 du Catalogue. — Inv. 5584.

247. — **Médaillon** en argent doré, orné de deux peintures sous cristal, représentant le sacrifice d'Abraham, et la Crucifixion.

Art italien, xvie s.

Diam. 0,054. Donation Ad. de Rothschild, 1901 ; n° 37 du Catalogue. — Inv. 5587.

248. — **Médaillon** octogonal, en or émaillé ; orné d'une peinture sous cristal représentant l'Annonciation.

Art italien, xvie s.

H. 0,085 ; L. 0,059. Donation Ad. de Rothschild, 1901 ; n° 38 du Catalogue. — Inv. 5588.

249. — **Médaillon** octogonal, en or émaillé (pendant du n° précédent) ; la peinture représente l'Annonciation.

Art italien, xvie s.

H. 0,084 ; L. 0,059. Donation Ad. de Rothschild, 1901 ; n° 39 du Catalogue. — Inv. 5589.

250. — **Médaillon** octogonal ; peinture sous cristal représentant la Madeleine assise.

Art italien, xvie s.

H. 0,049 ; L. 0,035. Legs Davillier, 1883. — Inv. 2951.

251. — **Médaillon** octogonal. Peinture sous cristal : La flagellation du Christ. Cadre en écaille et bronze doré.

Art italien, xvie s.

H. 0,117 ; L. 0,077. Legs de M. Ch. Séguin, 1908. — Inv. 6182.

252. — **Médaillon** rectangulaire en lapis, avec monture en or émaillé.

Art italien, xvie s. (Le médaillon est moderne.)

H. 0,087 ; L. 0,063. — D. 996.

253. — **Pendant** en or émaillé, orné de petites perles. La Vierge et l'Enfant Jésus, dans une auréole ajourée.

Art italien, com^t du xvie s.

H. 0,053. Ancien fonds. — MR. 4845 ; D. 816.

254. — **Pendant** en or émaillé. Une nef, avec sa mâture et ses voiles ; aux flancs, deux camaïeux.

Art italien (?), xvie s.

H. 0,103 ; L. 0,059. Acq. 1828, Coll. Révoil. — MR. R. 224 ; D. 756.

255. — **Pendant**, formant reliquaire, en or émaillé. L'agneau mystique, en perles baroques, couché sur un livre fermé.

Art italien (?), xvie s.

H. 0,078 ; L. 0,026. Donation Ad. de Rothschild, 1901 ; n° 35 du Catalogue. — Inv. 5585.

256. — **Pendant** formé d'une perle baroque, montée en or émaillé. Il représente un Triton.

Art italien (ou allemand ?), xvie s.

H. 0,09. Legs Davillier, 1883. — Inv. 2945. — (Pl. XXX.)

257, 258, 259, 260. — **Plaques** rondes (quatre) en argent niellé. — La décollation de saint Jean-Baptiste. — Saint Pierre et saint Paul. — Saint Georges. — Un saint martyr.

Art italien, xve s.

Diam. 0,041. Legs Davillier, 1883. — Inv. 3028 ; D. 1048-1051.

261. — **Plaquette** en argent ciselé (jadis émaillée). Le Christ guérissant un possédé. Attr. à Pietro da Milano. — (Pl. XXIV.)

Art italien, seconde moitié du xve s.

H. 0,070 ; L. 0,107. Don de M. Alfred André, 1904. — Inv. 5962.

262. — **Reliquaire**. Il est formé d'une coupe en cristal de roche, munie d'un couvercle et supportée par un pied. A la base, deux figures de bourreaux, en ronde-bosse.

Art vénitien, xve s.

H. 0,325. Donation Ad. de Rothschild, 1901 ; n° 5 du Catalogue. — Inv. 5555.

263. — **Sifflet** en argent, en partie doré ; en forme de lion, avec cinq grelots.

Art vénitien, com^t du XVIe s.

L. 0,075. Legs Davillier, 1883. — Inv. 3061 ; D. 1080.

264. — **Sifflet** en argent doré. Un triton qui porte une femme nue, tenant une corne d'abondance.

Art italien, XVIe ou XVIIe s.

L. 0,047. Donation Sauvageot, 1856. — Inv. 646 ; D. 804.

265. — **Sifflet** en argent ; en forme de cheval marin, muni de quatre grelots.

Art vénitien, XVIe ou XVIIe s.

L. 0,085. — Legs Davillier, 1883. — Inv. 3062 ; D. 1081.

RENAISSANCE. — ART FRANÇAIS

266 et 267. — **Aiguières** (deux) en argent doré, à larges panses et à couvercles sphériques ; aux armes de France et de Pologne.

Art français, 1581-1582.

H. 0,240 ; L. 0,220. Chapelle de l'Ordre du Saint-Esprit. — MR. XIII, 559, 560 ; D. 970-971.

268 et 269. — **Bassins** (deux) en argent doré, aux armes de France et de Pologne.

Art français, 1581-1582.

Diam. 0,458. Chapelle de l'Ordre du Saint-Esprit. — MR. XIII, 562, 563 ; D. 973-974.

270 et 271. — **Bouclier et casque**, en or émaillé, du roi Charles IX (1560-1574).

Bouclier : au centre, un combat de cavalerie, dans un encadrement composé de trophées, de mascarons, et de médaillons d'émail.

H. 0,68 ; L. 0,49.

Casque (morion). Il est décoré de deux sujets de batailles, de trophées, et de bouquets de fruits.

H. 0,35 ; L. 0,37.

Art français, xvie s.

Acq. en 1793, à la vente du duc de Choiseul-Praslin. — MR. IV, 426 et 427 ; D. 965 et 966. — (Pl. XXVI.)

272. — **Bouteille** en argent doré, aux armes de France et de Pologne, munie de sa chaîne de suspension.

Art français, 1581-1582.

H. 0,305 ; L. 0,19. Chapelle de l'Ordre du Saint-Esprit. — MR. XIII, 561 ; D. 972.

273. — **Collier** en argent doré, formé des lettres CDS entrelacées.

Art français, xvie-xviie s.

L. 0,57. Donation Sauvageot, 1856. — Inv. 592 ; D. 882.

274 et 275. — **Coupes** (deux) en argent doré, sur pieds en balustres ; aux armes de France et de Pologne.

Art français, 1581-1582.

H. 0,245 ; Diam. 0,155. Chapelle de l'Ordre du Saint-Esprit. — MR. XIII, 557, 558 ; D. 968-969.

276. — **Encensoir** en argent doré, en forme d'un monument supporté par six colonnes.

Art français, 1579-1580.

H. 0,250 ; Diam. 0,110. Chapelle de l'Ordre du Saint-Esprit. — MR. XIII, 554 ; D. 975. — (Pl. XXVII.)

277. — **Masse** en argent doré, ornée de bas-reliefs représentant des cérémonies de l'Ordre du Saint-Esprit.

Art français, 1584-1585.

H. 1,09. Chapelle de l'Ordre du Saint-Esprit. — MR. XIII, 564 ; D. 977. — (Pl. XXVII.)

278. — **Médaillon** ovale, en émaux en résille ; une tige de lis, entourée d'autres fleurs : au-dessus une banderole avec la légende : *Grace dedans le lis ha.*

Art français, xvie s.

H. 0,082 ; L. 0,060. Donation Sauvageot, 1856. — Inv. 945 ; D. 190. — (Pl. XXV.)

279. — **Navette** en argent doré, aux armes de France.

Art français, époque de Henri III.

H. 0,075 ; L. 0,170. Chapelle de l'Ordre du Saint-Esprit. — MR. XIII, 555 ; D. 976.

280. — **Pendant** en or émaillé ; il est formé de deux plaques en cristal de roche, contenant un groupe en or émaillé : la Charité.

Art français, xvie s.

H. 0,064 ; Larg. 0,034. Donation Ad. de Rothschild, 1901 ; n° 87 du Catalogue. — Inv. 5636.

ORFÈVRERIE ET ÉMAILLERIE

281. — **Pendant** en or émaillé ; il se compose de deux plaques ovales en cristal de roche, contenant deux bas-reliefs en or émaillé : le Christ en croix et la Résurrection.

Art français (?), xvie s.

H. 0,038. Donation Ad. de Rothschild, 1901 ; n° 86 du Catalogue. — Inv. 5635.

282. — **Plat** (grand) en argent doré. Sur l'ombilic, un fleuve ; sur le fond, des combats de cavalerie ; au marli, des Victoires et des petits génies.

Art français, seconde moitié du xvie s.

Diam. 0,665. Pris à Alger (1830). — MR. XVI, 52 ; D. 793.

283. — **Reliure** du Livre d'heures de Catherine de Médicis. Les plats sont décorés d'appliques en or émaillé : au centre, deux mains tenant une S barrée, entourées d'une banderole portant une inscription latine ; aux angles, les initiales de Henri II et de Catherine, dans des encadrements.

Art français, seconde moitié du xvie s.

H. 0,10 ; L. 0,068. Acq. 1864 (vente de la duchesse de Berry). — Inv. du Musée des Souverains, 274 ; D. 978.

284. — **Rosaire** en agate et en or émaillé ; il est composé de dix grains ovales, contenant chacun deux scènes de la vie de Jésus. Il est terminé par un gros grain, et par une croix, aussi en agate.

Art français, prem. moitié du xvie s.

L. 0,51. Donation Ad. de Rothschild, 1901 ; n° 85 du Catalogue. — Inv. 5634.

285. — **Vase** en cristal de roche ; à douze pans, avec monture en argent doré.

Art français, seconde moitié du xvie s.

H. 0,23 ; Diam. 0,12. Anc. coll. de la Couronne. — MR. XIII, 300 ; D. 967.

RENAISSANCE. — PAYS DIVERS

286, 287. — **Aiguière** et **plateau** en argent doré et émaillé, dits : de Charles-Quint. — **Aiguière** : col et goulot formés par un buste de femme; sur la panse, l'embarquement des troupes de Charles-Quint après la victoire. — **Plateau** : épisodes de la prise de Tunis par Charles-Quint en 1536.

Art flamand (Anvers), 1558-1559.

Aiguière : H. 0,435. — Plateau, Diam. 0,64. Ancien fonds. — MR. XIII, 341 et 351 ; D. 764 et 765. — (Pl. XXVIII.)

288. — **Anse** de vase, en or émaillé, formée par un dragon.

XVIe s.

H. 0,096. Ancien fonds. — MR. 223 ; D. 815.

289. — **Bague** en argent ; sur le chaton rond, un écu gravé.

XVIe s.

H. 0,022. Legs Davillier, 1883. — Inv. 2995 ; D. 1012.

290. — **Bague** en argent doré, montée d'une hyacinthe.

XVIe s.

H. 0,025 ; L. 0.021. Donation Sauvageot, 1856. — Inv. 669 ; D. 833.

291. — **Bague** en argent doré, ornée de feuillages enchâssant un cristal de roche.

Art espagnol, XVIe s.

H. 0,017. Legs Davillier, 1883. — Inv. 3001 ; D. 1018.

292. — **Bague** en argent, ornée de filigranes (trouvée à Grenade).

Art espagnol, xvi₍e₎ s.

H. 0,020. Legs Davillier, 1883. — Inv. 3000 ; D. 1017.

293. — **Bague** en argent émaillé, montée d'un rubis.

Fin du xvi₍e₎ s.

H. 0,024 ; L. 0,020. Donation Sauvageot, 1856. — Inv. 660 ; D. 825.

294. — **Bague** en argent doré ; au chaton, le monogramme IHS.

xvi₍e₎-xvii₍e₎ s.

H. 0,025. — D. 841.

295. — **Bague** en cuivre doré. Sur le chaton, en relief, la Nativité. Sur l'anneau, inscriptions latines.

Com₍t₎ du xvi₍e₎ s.

H. 0,035. Acq. 1825, coll. Durand. — MR. 4941 ; D. 821.

296. — **Bague** en cuivre doré, imitant une courroie. Inscription latine.

xvi₍e₎ s.

H. 0,022.

297. — **Bague** en or, montée d'une améthyste.

Art espagnol, xvi₍e₎ s.

H. 0,018. Legs Davillier, 1883. — Inv. 3002 ; D. 1019.

298. — **Bague** en or émaillé, montée d'une cornaline.

xvi₍e₎ s.

H. 0,027. Acq. 1828, Collection Révoil. — MR. R. 231 ; D. 836.

299. — **Bague** en or, montée d'un diamant.

Com¹ du xviᵉ s.

H. 0,028; L. 0,023. Donation Sauvageot, 1856. — Inv. 666; D. 824.

300. — **Bague** en or émaillé, montée d'un diamant.

xviᵉ s.

H. 0,028; L. 0,022. Donation Sauvageot, 1856. — Inv. 651; D. 822.

301. — **Bague** en or émaillé, montée d'un diamant.

xviᵉ s.

H. 0,034; L. 0,025. Donation Sauvageot, 1856. — Inv. 659; D. 823.

302. — **Bague** en or émaillé, montée d'une émeraude en table.

xviᵉ s.

H. 0,028. Donation Savageot, 1856. — Inv. 658; D. 829.

303. — **Bague** en or émaillé, montée d'une émeraude en table.

xviᵉ s.

H. 0,022. (Trouvée dans la Seine en 1841.) Donation Sauvageot, 1856. — Inv. 654; D. 830.

304. — **Bague** en or émaillé, montée d'une émeraude.

xviᵉ s.

H. 0,024. Donation Sauvageot, 1856. — Inv. 657; D. 831.

305. — **Bague** en or, montée d'opales et d'une émeraude.

xviᵉ s.

H. 0,022; L. 0,017. Donation Sauvageot, 1856. — Inv. 667; D. 832.

ORFÈVRERIE ET ÉMAILLERIE

306. — **Bague** en or, montée d'une émeraude.

xvie s.

H. 0,018. Legs Davillier, 1883. — Inv. 2996 ; D. 1013.

307. — **Bague** en or émaillé ; le chaton, qui enchâsse une émeraude, a la forme d'un tronc de pyramide ; il est orné de fleurs, de fruits et de volutes émaillés.

Art espagnol (?), xvie s.

H. 0,032. Donation Ad. de Rothschild, 1901 ; n° 81 du Catalogue. — Inv. 5631.

308. — **Bague** en or, montée d'une émeraude ; l'anneau est formé par deux dragons.

Art espagnol, fin du xvie s.

H. 0,020. Legs Davillier, 1883. — Inv. 2999 ; D. 1016.

309. — **Bague** en or, montée d'un grenat cabochon.

xvie s.

H. 0,028 ; L. 0,022. Donation Sauvageot, 1856. — Inv. 652 ; D. 834.

310. — **Bague** en or émaillé, montée d'un grenat cabochon.

xvie s.

H. 0,030. Donation Sauvageot, 1856. — Inv. 663 ; D. 835.

311. — **Bague** en or ciselé, montée d'un lapis-lazuli.

xvie-xviie s.

H. 0,027 ; L. 0,019. Donation Sauvageot, 1856. — Inv. 670 ; D. 839.

58 ORFÈVRERIES, ÉMAUX ET GEMMES

312. — **Bague** en or, enchâssant une peinture sous cristal.

Art espagnol, xvi⁰ s.

H. 0,020. Legs Davillier, 1883. — Inv. 3003 ; D. 1020.

313. — **Bague** en or émaillé, montée d'un rubis en table.

xvi⁰ s.

H. 0,027. Donation Sauvageot, 1856. — Inv. 653 ; D. 826.

314. — **Bague** en or émaillé, montée d'un rubis.

xvi⁰ s.

H. 0,023 ; L. 0,020. Donation Sauvageot, 1856. — Inv. 663 ; D. 827.

315. — **Bague** en or émaillé, montée d'un rubis cabochon.

xvi⁰ s.

H. 0,025. Donation Sauvageot, 1856. — Inv. 665 ; D. 828.

316. — **Bague** en or émaillé, montée d'un saphir cabochon. Sur les côtés, deux masques entourés de volutes.

Art espagnol (?), xvi⁰ s.

H. 0,032. Donation Ad. de Rothschild, 1901 ; n° 36 du Cat. — Inv. 5586.

317. — **Bague** en or, montée d'un saphir ; anneau à consoles ajourées.

xvi⁰ s.

H. 0,024.

318. — **Bague** en or émaillé, montée d'une turquoise.

xvi⁰ s.

H. 0,025. Donation Sauvageot, 1856. — Inv. 656 ; D. 837.

319. — **Bague** en or, montée d'une turquoise.

xvie s.

H. 0,028. Donation Sauvageot, 1856. — Inv. 662 ; D. 838.

320. — **Bague** en or émaillé. (La pierre manque.)

xvie s.

H. 0,017. Legs Davillier, 1883. — Inv. 2994 ; D. 1011.

321. — **Bague** (de mariage) juive, en or ; large anneau, décoré de rinceaux et de dômes, en filigrane d'or.

Art vénitien ou de l'Allemagne du Sud ; xvie s.

Diam. 0,035. Donation Sauvageot, 1856. — D. 913.

322. — **Bague** (de mariage) juive, en or ; anneau plat dont le décor, divisé en deux zones, se compose de petits dômes en filigrane, et de fleurettes émaillées.

Art vénitien ou de l'Allemagne du Sud ; xvie s.

Diam. 0,034. Donation Sauvageot, 1856. — D. 914.

323. — **Baiser de paix** en or émaillé. Dans un encadrement architectural, un bas-relief émaillé, qui représente Jésus devant Pilate.

Art espagnol (?), xvie s.

H. 0,14 ; L. 0,09. Donation Ad. de Rothschild, 1901 ; n° 77 du Catalogue. — Inv. 5627.

324. — **Bassin** en argent doré, décoré d'animaux et de plantes, en argent émaillé.

Par Wenzel Jamnitzer, de Nuremberg (1508-1585).

Diam. 0,45. Ancien fonds. — D. 852. — (Pl. XXVI.)

325. — **Boucle et ferret de ceinture** en cuivre doré (ajustés sur une ceinture en velours rouge), décorés de figures en relief.

Art allemand, xvie s.

Boucle, L. 0,153. Ferret, L. 0,120. Donation Sauvageot, 1856. — Inv. 602 ; D. 777 et 778.

326. — **Ceinture** en argent doré. Elle est formée de neuf plaques, décorées de têtes et d'arabesques, et reliées entre elles par des morceaux de large chaîne plate.

Art allemand (?), fin du xvie s.

Long. 1,01. Don de M. Larcade, 1905. — Inv. 5999.

327. — **Chaîne** supportant des amulettes en argent ; elle est terminée par un anneau et un médaillon.

Art espagnol, xvie s.

L. 0,20. Donation Ad. de Rothschild, 1901 ; n° 54 du Catalogue. — Inv. 5604.

328. — **Chaîne** semblable à la précédente.

Donation Ad. de Rothschild, 1901 ; n° 55 du Catalogue. — Inv. 5605.

329. — **Chaîne** de ceinture en argent doré, à médaillons ajourés. Pendeloque en forme de balustre.

Art espagnol (?), xvie s.

L. 1,43. Donation Sauvageot, 1856. — Inv. 603 ; D. 776.

330. — **Chaton** en or émaillé, enchâssant un cristal taillé.

xvie s.

H. 0,025 ; L. 0.031. Legs Davillier, 1883. — Inv. 3017 ; D. 1034.

331. — **Chaton** en or émaillé, enchâssant un cristal taillé. xvie s.

L. 0,020. Legs Davillier, 1883. — Inv. 3018 ; D. 1035.

332. — **Chope** en argent doré, à anse et à couvercle ; décorée de figures de divinités et de planètes.

Art allemand ; Eger (Bohême), fin du xvie s.

H. 0,155. Donation Sauvageot, 1856. — Inv. 627 ; D. 768.

333. — **Chope** en argent doré. Sur la panse des scènes de chasse. Au couvercle, statuette de saint Michel.

Bâle, fin du xvie s. ou com[t] du xviie.

H. 0,19 ; L. 0,123. Legs de M. Leroux, 1897. — Inv. 3993. — (Pl. XXVIII.)

334. — **Collier** en or émaillé ; il est composé de onze médaillons, reliés entre eux par dix agrafes ajourées ; chacun d'eux contient un bas-relief représentant une scène de la Passion. Au médaillon central est suspendu un médaillon plus grand, qui représente le Christ en croix.

Art allemand, xvie s.

L. 0,48. Donation Ad. de Rothschild, 1901 ; n° 79 du Catalogue. — Inv. 5629. — (Pl. XXV.)

335. — **Coupe** en argent doré, portée par une statuette de Bacchus. Dans la coupe : les forges de Vulcain.

Art espagnol (?), xvie s.

H. 0,18 ; Diam. 0,232. Acq. 1837 (provenant de Tolède). — Inv. L. P. 1367 ; D. 792.

336. — **Coupe** plate en argent doré, sur pied en balustre. Dans la coupe, Minerve et les Arts libéraux.

Art allemand (?), fin du xvie s.

H. 0,15 ; Diam. 0,18. Acq. 1832. — Inv. L. P. 19 ; D. 876.

337. — **Coupe** en argent doré, piriforme, supportée par un homme accompagné d'une cigogne. Elle est ornée de divers sujets de l'Ancien et du Nouveau Testament, et porte des inscriptions allemandes avec la date : 1598.

Art allemand (Strasbourg).

H. 0,355. Legs de M. Th. Dablin, 1861. — Inv. 60 ; D. 767.

338. — **Coupe** en cuivre doré, sur pied en balustre ; dans la coupe, godronnée, Diane (?) et l'Amour.

Art espagnol, XVIe s.

H. 0,152 ; Diam. 0,20. Legs Davillier, 1883. — Inv. 3052 ; D. 1073.

339. — **Croix** en cristal de roche et en or émaillé. A la face, le Christ ; au revers, la Vierge.

Art espagnol, XVIe s.

H. 0,088. Legs Davillier, 1883. — Inv. 2958.

340. — **Croix** en or émaillé, à branches égales, ornée de pierreries.

Art espagnol, XVIe s.

H. 0,047. Legs Davillier, 1883. — Inv. 2960 ; D. 987.

341. — **Croix** en or émaillé ; elle est couverte de rinceaux, se détachant sur un fond noir.

Art espagnol, XVIe s.

H. 0,08. Legs Davillier, 1883. — Inv. 2959.

342. — **Croix** en or émaillé. A la face, une inscription dont les lettres sont composées de diamants. Au revers, les instruments de la Passion, émaillés.

Art espagnol, XVIe s.

H. 0,088 ; L. 0,053. Donation Ad. de Rothschild, 1901 ; n° 53 du Catalogue. — Inv. 5603.

343. — **Croix** en argent doré et émaillé. Sur la face, huit cristaux de roche taillés.

Art espagnol, fin du xvie s.

H. 0,06 ; L. 0,035. Legs Lenoir, 1874. — Inv. 2314.

344. — **Croix** en or émaillé, ornée de sept cristaux de roche taillés.

Art espagnol, fin du xvie s.

H. 0,067. Legs Davillier, 1883. — Inv. 2963 ; D. 990.

345. — **Croix** en or gravé et émaillé, avec figurines en relief. Au revers, des rinceaux.

Art espagnol, fin du xvie s.

H. 0,070. Legs Davillier, 1883. — Inv. 2961 ; D. 988.

346. — **Croix** en or gravé et émaillé. A la face, un Christ émaillé. Au revers, les intruments de la Passion.

Art espagnol, fin du xvie s.

H. 0,060. Legs Davillier, 1883. — Inv. 2962 ; D. 989.

347. — **Croix** en or émaillé. Sur la face, émaillée de vert, un Christ en or ; au revers, des rinceaux émaillés.

Art espagnol, fin du xvie s.

H. 0,058. Legs Davillier, 1883. — Inv. 2965 ; D. 992.

348. — **Croix** en améthyste et en or émaillé, ornée de trois petites perles.

Fin du xvie s.

H. 0,062 ; L. 0,037. Legs Lenoir, 1874. — Inv. 2312.

349. — **Croix** en or émaillé, bordée par une mince lame saillante ; sur la face, un Christ en or.

Fin du xvie s. (?).

H. 0,038 ; L. 0,031. Donation Sauvageot, 1856. — Inv. 578 ; D. 750.

350. — **Crosse** en cristal de roche et en argent doré. A la volute, le Père éternel accompagné d'anges, et l'annonce de la naissance de Jésus aux bergers.

Art espagnol, xvie s.

L. 0,45. Donation Ad. de Rothschild, 1901 ; n° 51 du Catalogue. — Inv. 5601. — (Pl. XXIX.)

351. — **Gobelet** en argent doré, décoré de trois médaillons contenant des bustes.

Art allemand (Nuremberg), xvie s.

H. 0,105 ; L. 0,076. Legs de M. Leroux, 1897. — Inv. 3994.

352. — **Gobelet** en argent doré, formé par une figure de femme à large jupe.

Art suisse (Zurich), fin du xvie s.

H. 0,16. Donation Sauvageot, 1856. — Inv. 629 ; D. 769.

353. — **Médaillon** rond, en argent. Cérès nue, assise dans un paysage ; un enfant lui tend une coupe.

Art allemand (?), fin du xvie s.

Diam. 0,11. Donation Sauvageot, 1856. — Inv. 574 ; D. 762.

354. — **Médaillon** rond, en argent émaillé. Un génie ailé s'appuyant sur deux écus armoriés.

Art allemand, 1594.

Diam. 0,031. Donation Sauvageot, 1856. — Inv. 1003 ; D. 188.

355. — **Médaillon-reliquaire** en cristal de roche ; il est de forme ovale et à huit rayons ; au centre, la Visitation, en or émaillé.

Art espagnol, xvi° s.

H. 0,087 ; L. 0,07. Legs Davillier, 1883. — Inv. 2950 bis.

356. — **Médaillon** ovale, en or émaillé, contenant une peinture sous cristal représentant un anachorète.

Art espagnol, xvi° s.

H. 0,055 ; L. 0,04. Legs Lenoir, 1874. — Inv. 2318.

357. — **Médaillon** en or émaillé ; il est de forme ovale et encadre une peinture sous cristal : le Calvaire.

Art espagnol, xvi° s.

H. 0,08. Legs Davillier, 1883. — Inv. 2953.

358. — **Médaillon** en or émaillé ; il est de forme ovale et encadre deux peintures sous cristal : la Fuite en Égypte et le Calvaire.

Art espagnol, xvi° s.

H. 0,07. Legs Davillier, 1883. — Inv. 2954. — (Pl. XXXI.)

359. — **Médaillon** ovale, en or émaillé. A la face, peinture sous cristal représentant le Christ et la Vierge, et au-dessus, le Saint-Esprit. Au revers, cinq petits médaillons.

Art espagnol, xvi° s.

H. 0,070 ; L. 0,048. Donation Ad. de Rothschild, 1901 ; n° 40 du Catalogue. — Inv. 5590.

360. — **Médaillon** ovale, en or émaillé ; il encadre deux peintures sous cristal, qui représentent, l'une : sainte Marie-Madeleine au désert, et l'autre : sainte Monique.

Art espagnol, xvi° s.

H. 0,063 ; L. 0,044. Donation Ad. de Rothschild, 1901 ; n° 41 du Catalogue. — Inv. 5591.

361. — **Médaillon** octogonal, en cuivre émaillé, encadrant une peinture sous cristal : l'Assomption de la Vierge.

Peinture italienne et monture espagnole, xvie s.

H. 0,063 ; L. 0,048. Donation Ad. de Rothschild, 1901 ; n° 42 du Catalogue. — Inv. 5592.

362. — **Médaillon** octogonal, en cuivre émaillé ; il encadre une peinture sous cristal : le martyre de saint Laurent.

Peinture italienne et monture espagnole, xvie s.

H. 0,067 ; L. 0,047. Donation Ad. de Rothschild, 1901 ; n° 43 du Catalogue. — Inv. 5593.

363. — **Médaillon** ovale en argent doré ; il encadre une peinture sous cristal : sainte Catherine d'Alexandrie.

Art espagnol, xvie s.

H. 0,072 ; Larg. 0,058. Donation Ad. de Rothschild, 1901 ; n° 83 du Catalogue. — Inv. 5633.

364. — **Médaillon** en argent niellé, de forme ronde. Sur une des faces, sainte Anne assise et près d'elle la Vierge avec l'Enfant Jésus. Au revers, le Christ portant sa croix.

Art flamand, début du xvie s.

Diam. 0,041. Donation Ad. de Rothschild, 1901 ; n° 71 du Catalogue. — Inv. 5621.

365. — **Médaillon** en argent doré, à cinq lobes. La Vierge à mi-corps, portant l'enfant Jésus.

Art flamand, xvie s.

Diam. 0,066. Donation Ad. de Rothschild, 1901 ; n° 73 du Catalogue. — Inv. 5623.

366. — **Médaillon** à deux faces. Peintures sous cristal : d'un côté, saint Paul ; de l'autre, des arabesques.

Art flamand (?), xvie s.

H. 0,125 ; L. 0,093. Legs de M. Ch. Séguin, 1908. — Inv. 6181.

Pl. XXIX.

350. — Crosse.
Art espagnol. XVIᵉ s.

394. — Poignard.
Art allemand. XVIᵉ s.

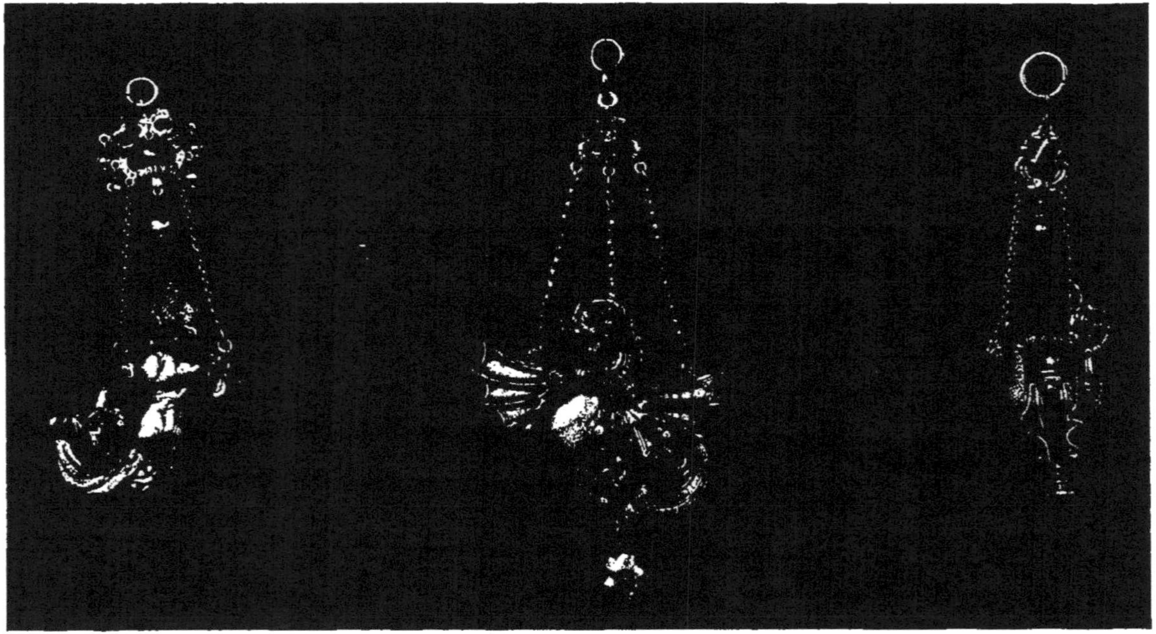

Pl. XXX.

256, 379, 378. — Bijoux du xvie s.

367. — **Médaillon** rond (fond de coupe?), en argent; l'enlèvement des Sabines.

Fin du xvi⁰ s. ou début du xvii⁰; (attribué à Paul van Vianen, † vers 1614).

Diam. 0,165. Acq. 1843. — Inv. L.P. 2176; D. 761.

368. — **Médaillon** rond, en argent émaillé. Deux écus contenant les armoiries de Peter II Schmid, abbé de Wettingen (Argovie).

Art suisse, 1596.

Diam. 0,053. Donation Sauvageot, 1856. — Inv. 946; D. 189.

369. — **Médaillon** rond, en argent émaillé. Deux écussons armoriés.

Art suisse, fin du xvi⁰ s.

Diam. 0,053. Donation Sauvageot, 1856. — Inv. 1005; D. 187.

370. — **Médaillon** rond, en argent doré. Diane et Actéon.

Fin du xvi⁰ s.

Diam. 0,14. Donation Sauvageot, 1856. — Inv. 573; D. 789.

371. — **Miroir** monté en ébène et orné d'or émaillé; il est supporté par une tige, montée sur une base cubique. Au revers du miroir, une peinture sous cristal: l'Adoration des Mages.

Art allemand, xvi⁰ s.

H. 0,39. Donation Ad. de Rothschild, 1901; n⁰ 78 du Catalogue. — Inv. 5628.

372. — **Monstrance** en cuivre doré; édicule ajouré, à six pans, monté sur un pied godronné.

Art espagnol, com¹ du xvi⁰ s.

H. 0,35. Legs Davillier, 1883. — Inv. 3056; D. 1076.

373. — **Monstrance-reliquaire** ; elle est formée d'un tube cylindrique en cristal de roche, serti dans une monture en orfèvrerie; elle est supportée par un pied à six lobes, et surmontée d'un édicule.

Art espagnol, com^t du XVIe s.

H. 0,435. Donation Ad. de Rothschild, 1901 ; n° 50 du Catalogue. — Inv. 5600.

374. — **Mors de chape**, en argent émaillé et doré. Il est en forme de médaillon trilobé. Au centre, saint Bavon, assis entre deux anges soutenant deux écussons armoriés.

Art flamand, début du XVIe s.

L. 0,162. Donation Ad. de Rothschild, 1901 ; n° 70 du Catalogue. — Inv. 5620.

375. — **Pendant** en or émaillé ; un homme et une dame à cheval.

Art allemand, seconde moitié du XVIe s.

H. 0,075 ; L. 0,039. Donation Sauvageot, 1856. — Inv. 597 ; D. 819.

376. — **Pendant** en cuivre émaillé. Saint Georges à cheval, terrassant le dragon.

Art allemand, fin du XVIe s.

H. 0,085 ; L. 0,06. Donation Sauvageot, 1856. — Inv. 596 ; D. 773.

377. — **Pendant** en or émaillé. Sur une terrasse, deux figurines représentant l'Annonciation. Le bijou est porté par une triple chaîne de suspension.

Art allemand, fin du XVIe s.

H. 0,134 ; L. 0,058. Donation Ad. de Rothschild, 1901 ; n° 80 du Catalogue. — Inv. 5630.

378. — **Pendant** en or émaillé. Il est formé par une petite aiguière, suspendue à deux chaînes.

Art espagnol, xvie s.

H. 0,095. Legs Davillier, 1883. — Inv. 2947. — (Pl. XXX.)

379. — **Pendant** formé d'une perle baroque montée en or émaillé. Il représente un dragon ailé, suspendu à trois chaînes.

Art espagnol (?), xvie s.

H. 0,115. Legs Davillier, 1883. — Inv. 2944. — (Pl. XXX.)

380. — **Pendant** en or émaillé ; il représente l'Enfant Jésus debout, le pied sur une tête de mort.

Art espagnol, seconde moitié du xvie s.

H. 0,055. Donation Ad. de Rothschild, 1901 ; n° 56 du Catalogue. — Inv. 5606.

381. — **Pendant** en or émaillé, orné de pierreries. Daniel dans la fosse aux lions.

Art espagnol, seconde moitié du xvie s.

H. 0,052 ; L. 0,043. Acq. 1825, Coll. Durand. — MR. 4847 ; D. 820. — (Pl. XXXI.)

382. — **Pendant** de forme circulaire, en or émaillé et orné de pierreries : l'Assomption.

Art espagnol (?), seconde moitié du xvie s.

H. tot. 0,07 ; L. 0,048. Acq. 1825, Coll. Durand. — MR. 4845 ; D. 818.

383. — **Pendant** formé par un triangle en or émaillé, couvert de cristaux de roche taillés.

Art espagnol, xvie s.

L. 0,045 ; Legs Lenoir, 1874. — Inv. 2315.

384. — **Pendant** en forme de cœur ; peintures sous cristal, monture en argent. D'un côté deux personnages en buste ; de l'autre, deux écussons.

Art espagnol, fin du xvie s.

H. 0,035. Legs Davillier, 1883. — Inv. 2948.

385. — **Pendant** en or. A la face, Dieu le Père au-dessus duquel plane le Saint-Esprit. Au revers, une inscription flamande.

Art flamand, xvie s.

H. 0,046 ; L. 0,025. Donation Ad. de Rothschild, 1901 ; n° 72 du Catalogue. — Inv. 5622.

386. — **Pendant.** Sculpture microscopique en bois (sujets de la Passion), dans une cage de cristal montée en or émaillé.

Art flamand ou allemand (?), xvie s.

H. 0,069 ; L. 0,032. Legs de M. Ch. Séguin, 1908. — Inv. 6180.

387. — **Pendant.** Sculpture microscopique en bois (sujets de la Passion), dans une cage de cristal montée en or émaillé.

Art flamand ou allemand (?), xvie s.

H. 0,035 ; L. 0,016. Legs Lenoir, 1874. — Inv. 2316.

388. — **Pendant.** Sculpture microscopique (la Crucifixion et la Descente de croix), dans une petite cage de cristal montée en argent doré.

Art flamand ou allemand (?), xvie s.

H. 0,023. Donation Sauvageot, 1856. — Inv. 598 ; D. 771.

389. — **Pendant.** Sculpture microscopique en bois (sujets de l'Enfance et de la Passion du Christ), dans un tube de cristal monté en or émaillé.

Art flamand ou allemand (?), xvie s.

H. 0,048. Donation Ad. de Rothschild, 1901 ; n° 57 du Catalogue. — Inv. 5607.

390. — **Pendant** en or émaillé, formé par un vaisseau à trois mâts.

xvi⁰ s.

H. 0,05 ; L. 0,045. Legs Lenoir, 1874. — Inv. 2322.

391. — **Pendant** en or émaillé ; au centre, un Ecce Homo en ronde bosse, dans une niche émaillée.

Seconde moitié du xvi⁰ s.

H. 0,133 ; L. 0,022. Legs Lenoir, 1874. — Inv. 2317.

392. — **Pendant** en or émaillé, orné de pierreries. D'un côté, le Serpent d'airain, de l'autre, la Crucifixion.

Seconde moitié du xvi⁰ s.

H. 0,048 ; L. 0,036. Donation Sauvageot, 1856. — Inv. 565 ; D. 817.

393. — **Pendant** en or émaillé, formé par un crapaud dont le dos et la tête sont incrustés de rubis.

Fin du xvi⁰ s.

H. 0,075 ; L. 0,025. Legs Lenoir, 1874. — Inv. 2321.

394. — **Poignard** à monture en or émaillé. La fusée et les quillons sont couverts d'entrelacs et de cartouches contenant des têtes. Attr. à Hans Muelich, d'Augsbourg.

Seconde moitié du xvi⁰ s. (La lame est moderne.)

L. totale 0,305. — Poignard des grands-maîtres de l'Ordre de Malte ; donné au général Bonaparte après la prise de Malte en 1799 ; remis au roi Louis-Philippe, en 1840, par le maréchal Bertrand. — Inv. du Musée des Souverains, n° 90 ; D. 964. — (Pl. XXIX.)

Fourreau en or, garni de velours rouge, exécuté pour l'Empereur par Biennais.

395. — **Reliquaire** (bijou), en or émaillé ; il a la forme d'un livre ; sur les plats, les figures émaillées de saint Jean l'Évangéliste et de saint Joseph avec l'Enfant Jésus. A l'intérieur, d'un côté, une scène de la vie de saint Ildefonse, et de l'autre côté, la relique.

Art espagnol, xvie s.

H. 0,037 ; L. 0,029. Ép. 0,011. Donation Ad. de Rothschild, 1901 ; n° 58 du Catalogue. — Inv. 5608.

396. — **Reliquaire** en argent doré, en forme d'édicule à clochetons, monté sur un pied, et muni d'olives contenant des peintures sous cristal. Au sommet, le monogramme du Christ.

Art espagnol (?), xvie s.

H. 0,28. Legs Lenoir, 1874. — Inv. 2309.

397. — **Reliquaire**, pendant du n° précédent ; surmonté du monogramme de la Vierge.

H. 0,28. Legs Lenoir, 1874. — Inv. 2310.

398. — **Rosaire** en cristal de roche, monté en argent doré. Il est composé de dix grains, contenant des peintures à sujets religieux.

Art espagnol (?), xvie s.

L. 0,40. Donation Ad. de Rothschild, 1901 ; n° 52 du Catalogue. — Inv. 5602.

399. — **Vase** en verre de Venise, garni d'une monture en argent doré, ornée de quatre Termes.

Art espagnol, xvie s.

H. 0,10. Legs Davillier, 1883. — Inv. 3020 ; D. 1037.

XVIIe ET XVIIIe SIÈCLES

400. — **Agrafe** en or émaillé, garnie de grenats; elle est formée par l'aigle de Pologne, tenant le sceptre et le globe.

Art allemand, xvii-xviiie s.

H. 0,082. Anc. coll. Cour. — MR. IV, 418; D. 856. — (Pl. XXXI.)

401. — **Aiguière** (petit modèle d') en argent doré; en forme de balustre, à huit pans; décorée d'appliques émaillées.

Art allemand, xviie s.

H. 0,064. Donation Sauvageot, 1856. — Inv. 648; D. 855.

402. — **Bague** en argent; le chaton représente une fleur formée par des grenats.

Art espagnol, xviie s.

L. 0,020. Legs Davillier, 1883. — Inv. 3005; D. 1022.

403. — **Bague** en or émaillé; le chaton carré enchâsse quatre verroteries.

Art espagnol, xviie s.

L. 0,014. Legs Davillier, 1883. — Inv. 3006; D. 1023.

404. — **Bague** en argent; sur le chaton rond sont gravées des armoiries.

Art italien, xviie s.

L. 0,023. Legs Davillier, 1883. — Inv. 2997; D. 1014.

405. — **Bague** en or émaillé, à chaton rectangulaire (la pierre manque).

Art italien, xviie s.

L. 0,017. Legs Davillier, 1883. — Inv. 2998; D. 1015.

406. — **Bague** en or émaillé ; le chaton carré enchâsse une émeraude.

XVIIe s.

L. 0,112. Legs Davillier, 1883. — Inv. 3011 ; D. 1028.

407. — **Bague** en or ; sur le chaton ovale sont gravées deux initiales.

XVIIe-XVIIIe s.

L. 0,020. Legs Davillier, 1883. — Inv. 3008 ; D. 1025.

408. — **Bague** en or ; le chaton est muni d'une perle et de deux grenats.

XVIIe-XVIIIe s.

L. 0,20. Legs Davillier, 1883. — Inv. 3007 ; D. 1024.

409. — **Bague** en or ; le chaton est formé par une fleur de lis en cristal.

XVIIIe s.

L. 0,017. Legs Davillier, 1883. — Inv. 3009 ; D. 1026.

410. — **Bague** en or ; le chaton est formé par une fleur de lis en cristal.

XVIIIe s.

L. 0,019. Legs Davillier, 1883. — Inv. 3010 ; D. 1027.

411. — **Bijou** en or émaillé, en forme de cœur.

Art italien (?) prem. moitié du XVIIe s.

H. 0,070 ; L. 0,055. — Legs Davillier, 1883. — Inv. 2950.

412. — **Boucle** de ceinture, en or émaillé ; elle est composée de branchages en filigrane.

Art italien.

L. 0,035. Legs Davillier, 1883. — Inv. 3016 ; D. 1033.

413. — **Chaîne** en cuivre émaillé et doré, formée de trente-trois petites plaques.

Art espagnol (Catalogne), xviie s.

Long. 0,285. Donation Sauvageot, 1856. — Inv. 1011 ; D. 170.

414. — **Chaîne** en cuivre émaillé et doré, formé de cent trente-quatre petites plaques.

Art espagnol (Catalogne), xviie s.

Long. 1,286. Donation Sauvageot, 1856. — Inv. 1010 ; D. 171.

415. — **Coffret** (grand) rectangulaire, à couvercle légèrement bombé ; il est entièrement recouvert de rinceaux de feuillages en or, découpés à jour, se détachant sur un fond d'étoffe bleue. — Il passe pour avoir été donné à la Reine Anne d'Autriche par le cardinal Mazarin († 1661).

Art français, xviie s.

H. 0,22 ; Long. 0,45 ; Larg. 0.34. Anc. coll. de la Couronne. — D. 979. — (Pl. XXXII.)

416. — **Collier** de l'Ordre de Saint-Lazare et de Notre-Dame du Mont-Carmel. En argent émaillé et doré. Il est formé des monogrammes SL, MA, et de palmes, montés sur une chaîne à perles noires.

Art français, xviie s.

L. 1,05. Ancien fonds. — Inv. 6450.

417. — **Coupe** en argent niellé, dont le couvercle est surmonté d'une statuette de Neptune ; à l'intérieur, une plaque émaillée et des armoiries gravées.

Art allemand (?), fin du xvie s. ou com^t du xviie.

H. 0,181 ; Diam. 0,176. Anc. coll. du prince de Poix. Ancien fonds. — MR. IV, 352 : D. 790-791.

418. — **Croix** en or émaillé; ornée de pierres précieuses taillées en tables.

Art espagnol, xviie s.

H. 0,075. Legs Davillier, 1883. — Inv. 2964; D. 991.

419. — **Croix** en or émaillé, à bras semés de fleurs de lis d'or sur fond d'émail violet.

Art français, xviie s.

H. 0,125; L. 0,088. Legs Lenoir, 1874. — Inv. 2311.

420. — **Croix de Malte**, en argent filigrané et doré, ornée de rosaces.

Art italien, xviie s.

H. 0,073; L. 0,050. Donation Sauvageot, 1856. — Inv. 579; D. 845.

421. — **Croix de Malte**, en argent filigrané et doré, ornée de rosaces.

Art italien, xviie s.

H. 0,063; L. 0,040. Legs Davillier, 1883. — Inv. 2967; D. 994.

422. — **Croix** en argent doré, ornée de perles et de filigranes; sur chaque face, un Christ en relief.

xviie s.

H. 0,072; L. 0,056. Donation Sauvageot, 1856. — Inv. 580; D. 879.

423. — **Croix** en or émaillé. Sur un fond blanc et noir sont réservées les figures du Christ et de la Vierge.

xviie s.

H. 0,055; L. 0,03. Legs Lenoir, 1874. — Inv. 2313.

ORFÈVRERIE ET ÉMAILLERIE

424. — **Encadrement** de médaillon en argent doré ; orné de cuirs découpés et d'une tête de chérubin.

Art italien, com^t du xviie s.

L. 0,040 ; H. 0,077. Legs Davillier, 1883. — Inv. 3022 ; D. 1039.

425. — **Groupe** en argent doré, formant aiguière. Le centaure Nessus enlevant Dejanire (d'après Jean de Bologne).

Art allemand (?). — Com^t du xviie s.

H. 0,405. Ancien fonds. — MR. 486 ; D. 868.

426. — **Hanap** à couvercle, en argent doré, imitant une pomme de pin. Art allemand (Nuremberg ; par H. Weber).

Fin du xvie s. ou com^t du xviie.

H. 0,375. Donation Sauvageot, 1856. — Inv. 628 ; D. 766.

427. — **Hanap** à couvercle, en argent doré, monté sur un pied, décoré de plaques émaillées et rehaussé de grenats.

Art hongrois, xviie-xviiie s.

H. 0,285. Legs de M. Dablin, 1861. — Inv. 59 ; D. 853.

428. — **Insigne** de l'Ordre de la Jarretière. Saint Georges à cheval ; figurine en or émaillé.

Art anglais, xviie-xviiie s.

H. 0,036 ; L. 0,030. Donation Sauvageot, 1856. — Inv. 593 ; D. 866.

429. — **Médaillon** en or émaillé, orné d'opales. L'Enfant Jésus debout, dans une couronne d'épines.

Art espagnol, xviie s.

H. 0,06. Legs Davillier, 1883. — Inv. 2955.

430. — **Médaillon** en or émaillé ; il a la forme d'un livre fermé, orné des monogrammes du Christ et de la Vierge.

Art espagnol, xviie s.

H. 0,032. Legs Davillier, 1883. — Inv. 2952.

431. — **Médaillon** en cuivre émaillé et doré. — Il est de forme hexagonale ; sur une face, le monogramme du Christ ; l'autre face est occupée par une miniature.

Art espagnol (Catalogne), xviie s.

H. 0,058 ; L. 0,075. Legs Davillier, 1883. — Inv. 2973 ; D. 1000.

432. — **Médaillon** en cuivre émaillé et doré, de forme rectangulaire. Au centre, un monogramme.

Art espagnol (Catalogne), xviie s.

H. 0,062 ; L. 0,061. Legs Davillier, 1883. — Inv. 2974 ; D. 1001.

433. — **Médaillon** ovale, en agate et en or émaillé. Il contient une figurine de la Vierge ; au pourtour, l'inscription : CARNUTUM TUTELLA.

Art français, xviie s.

H. 0,038 ; L. 0,021. Donation Sauvageot, 1856. — Inv. 566 ; D. 875.

434. — **Médaillon** ovale en argent, encadré de filigrane ; à la face, buste de la Vierge ; au revers, bustes de saint Pierre et de saint Paul.

Art italien, xviie s.

H. 0,078 ; L. 0,071. Donation Sauvageot, 1856. — Inv. 567 ; D. 847.

Pl. XXXI.

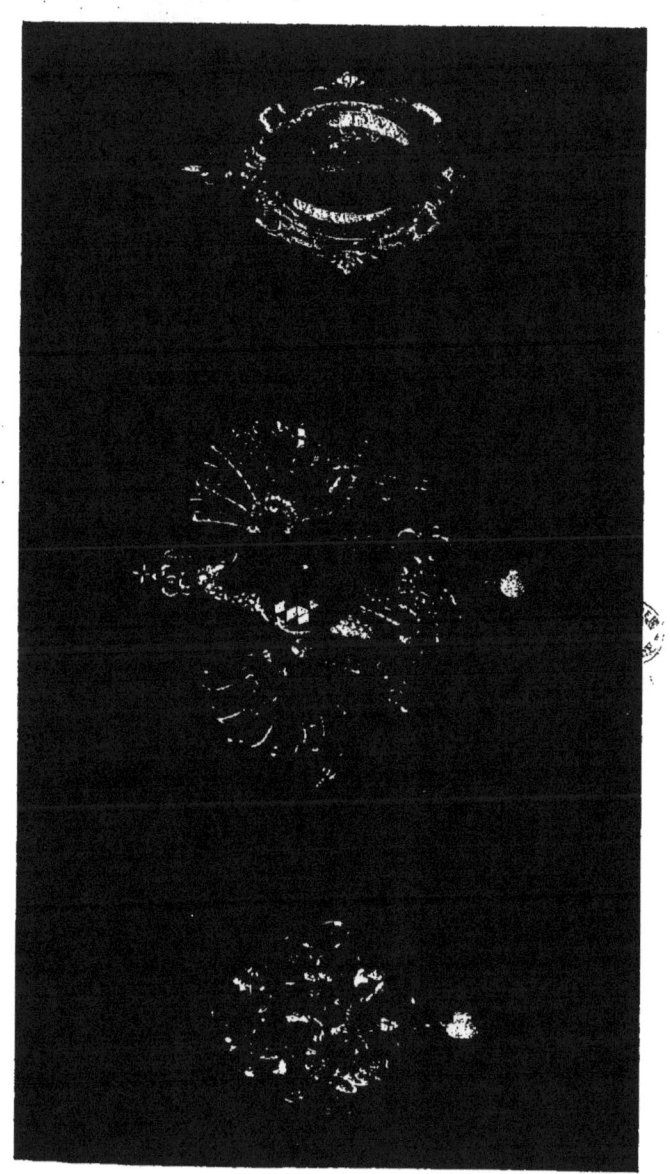

381. 400. 358. — Bijoux, XVIᵉ-XVIIᵉ s.

Pl. XXVII.

415. — Coffret d'Anne d'Autriche.
Art français, XVIIe s.

435. — **Petit monument** commémoratif de la paix de Teschen (1779). L'aigle d'Autriche, en cuivre doré, sur lequel sont incrustées des miniatures. Par J. F. Beer, de Francfort.

Art allemand, 1779.

H. 0,357; L. 0,192. Acq. en 1857. — Inv. 44; D. 898.

436. — **Pendant** en or émaillé. L'Annonciation, dans un encadrement en or.

Art espagnol, XVIIe s.

H. 0,035. Legs Davillier, 1883. — Inv. 2949.

437. — **Pendant** en or; il représente un cœur sous un pressoir; au-dessous, l'inscription : AIME.

Art français, XVIIe s.

H. 0,03. Legs Davillier, 1883. — Inv. 2946.

438. — **Pendant** : buste de saint Janvier, en or, semé de pierreries. — Élément détaché d'un collier de l'Ordre de Saint-Janvier (fondé en 1738 par Charles IV, roi des Deux-Siciles).

Art italien, XVIIIe s.

H. 0,063; L. 0,052. Legs de M. Ch. Séguin, 1908. — Inv. 6179.

439. — **Pendant** en or émaillé, représentant une colombe dont le corps est formé par une perle baroque.

XVII-XVIIIe s.

H. 0,057; L. 0,075. Legs Lenoir, 1874. — Inv. 2319.

440. — **Pendant** en argent émaillé, décoré de rinceaux, et enrichi de cinq grenats et trois perles.

XVIIe s.

H. 0,083; L. 0,044. Legs Lenoir, 1874. — Inv. 2324.

441. — **Pendant d'oreille**, en argent émaillé et doré ; il est formé par une couronne surmontée d'une croix ; au-dessous, deux pendants et un motif à rinceaux.

Art espagnol, xviie s.

H. 0,053. Legs Davillier, 1883. — Inv. 2941 ; D. 985.

442. — **Pendant d'oreille** en or émaillé, orné de perles ; bouton en fleurette, avec pendant en forme d'ancre.

Art espagnol, xviie s.

H. 0,035. Legs Davillier, 1883. — Inv. 2942 ; D. 986.

443. — **Pendants d'oreilles** (deux) en argent émaillé et doré ; en forme d'ancres, et décorés de têtes de chérubins et de franges de perles.

Art espagnol, xviiie s.

H. 0,06. Legs Davillier, 1883. — Inv. 2943.

444. — **Plaque** rectangulaire en argent doré. La Circoncision.

xviie s.

H. 0,058 ; L. 0.033. Donation Sauvageot, 1856. — Inv. 588 ; D. 869.

445. — **Statuette** en argent partiellement émaillé et doré. Une femme, vêtue d'une robe largement ouverte, est assise de côté sur un cheval au galop.

Art allemand (Augsbourg ?), xviie s.

H. 0,365. Ancien fonds. — MR. 485 ; D. 787.

ÉMAUX PEINTS

ÉMAUX PEINTS ITALIENS

446. — **Baiser de paix.** Monture en cuivre doré, sertissant deux plaques émaillées sur argent : la Nativité et l'Annonciation.

Art italien, vers 1500.

H. 0,220 ; L. 0,140. — Acq. 1825, Coll. Durand. — MR. 2652 ; D. 198.

447. — **Baiser de paix.** La Mise au tombeau.

Art italien, vers 1500.

H. 0,080 ; L. 0,045. Legs Davillier, 1883. — Inv. 3086 ; D. 1093. — (Pl. XXXIII).

448. — **Plaque** rectangulaire. La Présentation au Temple.

Art italien, vers 1500.

H. 0,06 ; L. 0,05. Legs Davillier, 1883. — Inv. 3077 ; D. 1084.

449. — **Plaque** rectangulaire. Le Couronnement de la Vierge.

Art italien, vers 1500.

H. 0,06 ; L. 0,05. Legs Davillier, 1883. — Inv. 3079 ; D. 1086.

450. — **Baiser de Paix.** Le Christ pleuré par les anges. (Monture en cuivre doré.)

Art italien, vers 1500.

H. 0,09 ; L. 0,065. Legs Davillier, 1883. — Inv. 3085 ; D. 1092.

451. — **Calice** en argent doré, décoré de quinze petites plaques émaillées, dont neuf représentent des bustes de saints.

Art italien, vers 1500.

H. 0,20. Acq. 1886. — Inv. 3200 ; D. 1113.

452. — **Plaque** rectangulaire, cintrée dans le haut. La Vierge et l'Enfant Jésus.

Art italien, vers 1500.

H. 0,085 ; L. 0,050. Legs Davillier, 1883. — Inv. 3078 ; D. 1085.

453. — **Deux plaques** rectangulaires. Saint Paul ; saint Antoine, ermite.

Art italien, vers 1500.

H. 0,068 ; L. 0,029. Acq. 1887. — Inv. 3205 et 3206 ; D. 1117 et 1118.

454. — **Plaque** rectangulaire. Sujet allégorique : une femme assise dans un navire.

Art italien, vers 1500.

H. 0,125 ; L. 0,165. Don de M. Paul Leroi, 1890. — Inv. 3236 ; D. 1116.

455. — **Cinq plaques** rondes (serties sur une plaque de cuivre). La Vierge, un ange, saint Jean, un ange, sainte Madeleine.

Art italien, vers 1500.

H. 0,071 ; L. 0,284. Acq. 1907. — Inv. 6088.

456. — **Plaque** ronde. Saint Michel, entre deux personnages agenouillés.

Art italien, vers 1500.

Diam. 0,05. Legs de M. Leroux, 1897. — Inv. 4015.

Pl. XXXIII.

465. — Jean Fouquet.
Art français, xvᵉ s.

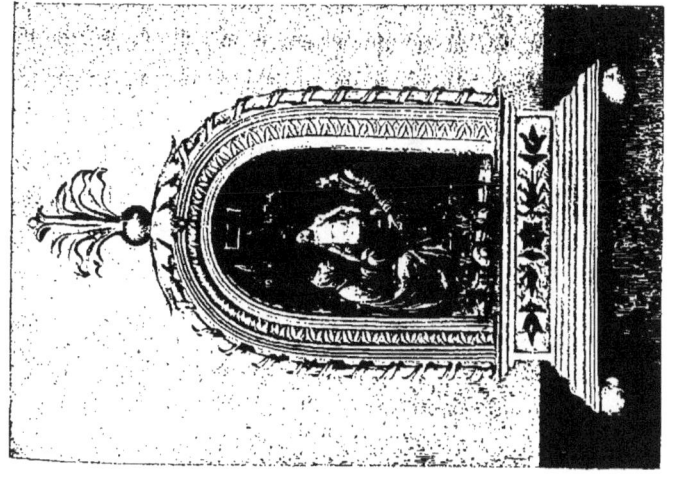

447. — Baiser de paix.
Art italien, vers 1500.

Pl. XXXIV.

472. — Plaque.
Art limousin, fin du xve s.

470. — Plaque.
Art limousin, fin du xve s.

457. — **Plaque** ronde, dans une monture en cuivre doré. Une femme et un enfant, dans un paysage.

Art italien, vers 1500.

Diam. 0,033. Acq. 1825, Coll. Durand. — MR. 2607 ; D. 200.

ÉMAUX VÉNITIENS

458. — **Baiser de paix** (Monture d'un). Émail bleu, semé de fleurettes. Il enchâsse une miniature (le Christ à mi-corps, dans le tombeau).

Art vénitien, début du xvie s.

H. 0,20 ; L. 0,15. Acq. 1884. — Inv. 2631 ; D. 1110.

459. — **Bouteille** à panse aplatie, surmontée d'un col droit.

Art vénitien, début du xvie s.

H. 0,365 ; Diam. 0,210. — Ancien fonds ; D. 194.

460, 461. — **Deux burettes**, à cols allongés, à anses.

Art vénitien, début du xvie s.

H. 0,195 ; Diam. 0,073. Acq. 1825, Coll. Durand. — MR. 2449 ; D. 191-192.

462. — **Plateau** godronné, à ombilic saillant.

Art vénitien, début du xvie s.

Diam. 0,245. Donation Sauvageot, 1856. — Inv. 1002 ; D. 197.

463. — **Vasque** godronnée, ornée de fleurs et de rinceaux.

Art vénitien, début du xvie s.

H. 0,216 ; Diam. 0,300. Acq. 1825, Coll. Durand. — MR. 2508 ; D. 195.

464. — **Vasque** godronnée, ornée de fleurs et de rinceaux.

Art vénitien, début du xvie s.

H. 0,235 ; Diam. 0,325. Ancien fonds.— D. 196.

ÉMAUX PEINTS FRANÇAIS
XVe siècle.

465. — **Médaillon rond.** Portrait de Jehan Fouquet, en buste par lui-même. En exergue : IOH̄ES FOUQUET.

Art français, xve s.

Diam. 0,068. Don de M. de Janzé, 1861. — Inv. 56 ; D. 201. — (Pl. XXXIII).

ÉMAUX PEINTS DE LIMOGES

Monvaerni (le pseudo-). — (Fin du XVe siècle).

466 à 477. — **Douze plaques** rectangulaires, représentant des scènes de la Passion (montées en forme de triptyque). — Le portement de croix. — La crucifixion. — Le portement de croix. — L'entrée à Jérusalem. — Le Christ devant Caïphe. — La Résurrection. — La Pitié. — La résurrection de Lazare. — Saint Christophe. — La Cène. — Le Christ devant Pilate. — La flagellation.

H. 0,185 ; L. 0,215 (chaque plaque). Acq. 1909. — Inv. 6309.— (Pl. XXXIV).

478. — Triptyque.
Art limousin, xv-xvi⁰ s.

Pl. XXXVI.

480. — Plaque.
Art limousin, XV-XVIe s.

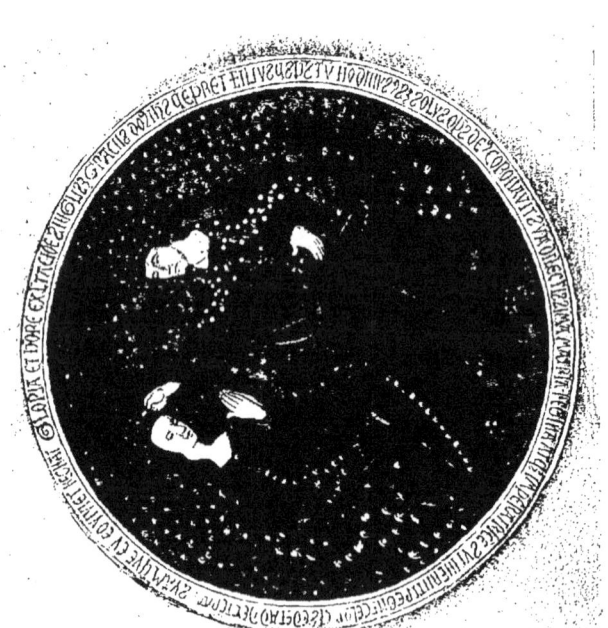

481. — Plaque.
Art limousin, XV-XVIe s.

Époque de Nardon Pénicaud et de Jean Ier Pénicaud.
Fin du XVe siècle et début du XVIe.

478. — **Triptyque**. La Pitié, entre saint Pierre et saint Paul.

Limoges, fin du xve s. ou début du xvie.

Plaque centrale : H. 0,203 ; L. 0,167. — Volets : H. 0,203 ; L. 0,067. Acq. 1834. — L. P. 296 *bis* ; D. 207 à 209. — (Pl. XXXV).

479. — **Triptyque**. Au centre, le Couronnement de la Vierge ; aux volets, des saints en buste, dans des médaillons.

Limoges, fin du xve s. ou début du xvie.

H. 0,23 ; L. 0,325. Legs de M. Leroux, 1897. — Inv. 4000.

480. — **Plaque** rectangulaire. Le Couronnement de la Vierge, avec la Crucifixion, la Pitié, et saint Michel.

Limoges, fin du xve s. ou début du xvie.

H. 0,194 ; L. 0,174. Acq. 1825, Coll. Durand. — M. R. 2565 ; D. 210. — (Pl. XXXVI).

481. — **Plaque** ronde. Le Couronnement de la Vierge. — Diam. 0,230.

Limoges, fin du xve s. ou début du xvie.
Ancien fonds ; D. 203. — (Pl. XXXVI).

482. — **Baiser de paix**. La Pitié.

Limoges, fin du xve s. ou début du xvie.
H. 0,10 ; L. 0,08. Legs de M. Leroux, 1897. — Inv. 4011.

483. — **Triptyque.** Au centre, le Calvaire ; aux volets, le Christ à la colonne, et la Descente de croix.

Limoges, début du xvie s.

H. 0,19 ; L. 0,17. — Volets : H. 0,19 ; L. 0,07. Legs Davillier, 1883. — Inv. 3088 ; D. 1095. — (Pl. XXXVII).

484. — **Triptyque.** Au centre, le Calvaire ; aux volets, le Portement de croix et la Descente de croix.

Limoges, commencement du xvie s. (École de Jean Ier Pénicaud).

H. 0,273 ; L. 0,248. — Volets : H. 0,273 ; L. 0,11. Donat. Sauvageot, 1856. — Inv. 947 ; D. 204-206. — (Pl. XXXVIII).

Jean II Pénicaud

(*Œuvres datées de 1534 à 1549*).

485. — **Plaque** ronde. Le pape Clément VII, en buste. Signée : 1534. P. I. (Poinçon : un P couronné).

Diam. 0,118. Donat. Sauvageot, 1856. — Inv. 1000 ; D. 216. — (Pl. XXXIX).

486. — **Plaque** rectangulaire, cintrée dans le haut. Le Calvaire. Signée : I. P. 1542.

H. 0,152 ; L. 0,135. Legs Gatteaux, 1881. — Inv. 2524 ; D. 958.

487. — **Plaque** rectangulaire. Le Christ en croix. (Poinçon : un P couronné).

H. 0,185 ; L. 0,135. Legs de M. Leroux, 1897. — Inv. 4001.

488. — **Plaque** ronde. Saint Martial. (Poinçon : un P couronné).

Diam. 0,07. Legs de M. Leroux, 1897. — Inv. 4012.

Pl. XXXVII.

483. — Triptyque.
Art limousin, début du XVIe s.

Pl. XXXVIII.

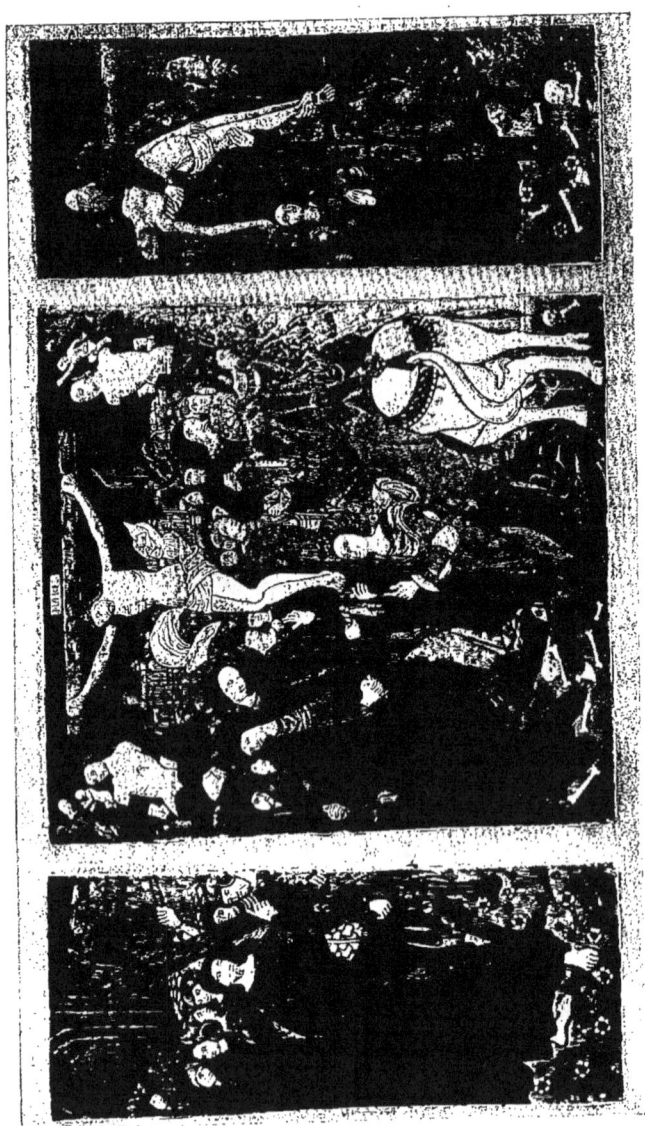

434. — Triptyque.
Art limousin, com.^t du xvie s.

Pl. XXXIX.

485. — Plaque.
Par Jean II Pénicaud.

504. — Plaque.
Par M. P.

Pl. XI.

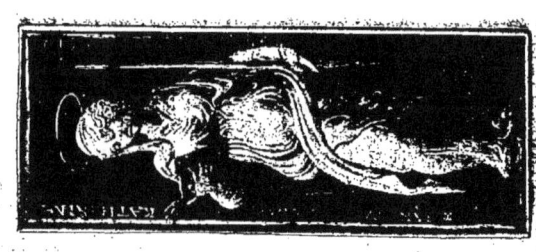

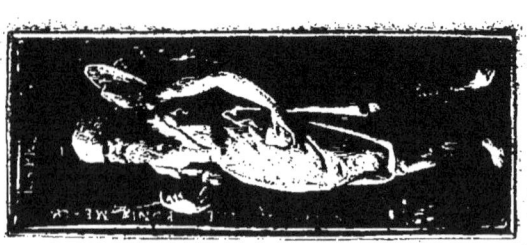

496. 497. 498. — Trois plaques.
École de Jean II Pénicaud.

489. — **Plaque** ovale. Jupiter. (Poinçon : un P couronné).

H. 0,200 ; L. 0,226. Donat. Sauvageot, 1856. — Inv. 951 ; D. 215.

490. — **Plaque** rectangulaire. Sacrifice au dieu Mars. (Poinçon : un P couronné).

H. 0,063 ; L. 0,070. Acq. 1825, Coll. Durand. — MR. 2630 ; D. 229.

École de Jean II Pénicaud

491. — **Plaque** rectangulaire. Le passage de la mer rouge. (Poinçon : un P couronné).

H. 0,085 ; L. 0,130. Donat. Sauvageot, 1856. — Inv. 963 ; D. 232.

492, 493. — **Deux plaques** rectangulaires. Le Buisson ardent ; Dieu donnant à Moïse les tables de la loi. (Poinçon : un P couronné).

H. 0,066 ; L. 0,084. Acq. 1825, Coll. Durand. — MR. 2618-2619 ; D. 227 et 228.

494. — **Plaque** rectangulaire. La Vierge et l'Enfant Jésus. (Poinçon, un P couronné).

H. 0,176 ; L. 0,132. Acq. 1828, Coll. Révoil. — MR. R. 284 ; D. 222.

495, 496. — **Deux plaques** rectangulaires. La Nativité ; la famille de sainte Anne.

H. 0,185 ; L. 0,135. — H. 0,180 ; L. 0,145. Legs de M. Leroux, 1897. — Inv. 4002 et 4003. — (Pl. XL).

497, 498. — **Deux plaques** rectangulaires. Sainte Catherine; saint Jérôme.

H. 0,152; L. 0,057. Acq. 1862. — Inv. 82 et 83; D. 223 et 224. — (Pl. XL).

499. — **Plaque** rectangulaire. Combat de cavalerie.

H. 0,057; L. 0,080. Donat. Sauvageot, 1856. — Inv. 964; D. 226.

500. — **Plaque** rectangulaire. Chasse au lion.

H. 0,048; L. 0,080. Donat. Sauvageot, 1856. — Inv. 965; D. 225.

Le Maître M. P. — (*Second tiers du XVIe siècle*).

501. — **Plaque** ronde. Un combat de cavalerie. Signé : M. P.

Diam. 0,085. Legs Gatteaux, 1881. — Inv. 2525; D. 959. — (Pl. XXXIX).

Pierre Pénicaud (*Attribué à*).
(*Second tiers du XVIe siècle*).

502. — **Plaque** rectangulaire, concave. Vulcain.

H. 0,240; L. 0,165. Donat. Sauvageot, 1856. — Inv. 984; D. 237.

503, 504. — **Deux plaques** cintrées, demi-cylindriques. Ariane ; Junon.

H. 0,220; L. 0,120. Acq. 1825, Coll. Durand. — MR. 2578 et 2579; D. 238 et 239.

505. — **Rondache** convexe. Combat de cavaliers et de fantassins.

Diam. 0,40. Acq. 1825, Coll. Durand. — MR. 2520; D. 240. — (Pl. XLII).

Pl. XLI.

511. — Plaque, par I. P.

513. — Plaque, par I. P.

Pl. XLII.

527. — Plaque.
Par C Noylier.

505. — Rondache.
Attr. à P. Pénicaud.

506. — **Rondache** convexe. Combat de cavaliers et de fantassins, au bord d'une rivière.

Diam. 0,40. Acq. 1825, Coll. Durand. — MR. 2521 ; D. 241.

507, 508, 509, 510. — **Quatre plaques** : Une femme debout tenant une guirlande. — Une femme debout tenant une corne d'abondance. — Une femme debout tenant une corne d'abondance. — Une femme debout.

H. 0,240 ; L. 0,075. Legs Gatteaux, 1881. — Inv. 2526-2529 ; D. 960-963.

Le maître I. P. (Jean Poillevé ? Il a signé aussi : KIP, IKP, KIG). — (Second tiers du XVIe siècle).

511. — **Plaque** rectangulaire. Dalila coupant les cheveux de Samson. Signée : I. P.

H. 0,08 ; L. 0,13. Legs Davillier, 1883. — Inv. 3092 ; D. 1099. — (Pl. XLI).

512. — **Plaque** rectangulaire. Arrivée de la « Santa Casa » à Lorette. Signée : I. P.

H. 0,08 ; L. 0,12. Legs Davillier, 1883. — Inv. 3093 ; D. 1100.

513. — **Plaque** rectangulaire, à angles abattus. Combat de cavaliers et de fantassins. Signée : I. P.

H. 0,070 ; L. 0,105. Acq. 1828, Coll. Révoil. — MR. R. 278 ; D. 214. — (Pl. XLI).

514. — **Plaque** rectangulaire. Combat de cavalerie. Signée : I. P.

H. 0,08 ; L. 0,13. Legs Davillier, 1883. — Inv. 3094 ; D. 1101.

515. — **Plaque** rectangulaire. Le Calvaire.

H. 0,12 ; L. 0,09. Legs de M. Leroux, 1897. — Inv. 4005.

516. — **Baiser de paix.** La Vierge, tenant l'enfant Jésus, assise dans un paysage. Monture en bronze doré.

H. tot. 0,177. — Émail : H. 0,102 ; L. 0,069. Acq. 1893. — Inv. 3362.

517. — **Petit vase.** Sur la panse : Combat de cavaliers et de fantassins. Sur le col : Adam et Ève ; Noé. Signé : KIG.

H. 0,066 ; Diam. 0,044. Acq. 1825, Coll. Durand. — MR. 2444 ; D. 217.

Le maître M. I. — (*Second tiers du XVIe siècle*).

518. — **Petite plaque** ronde. Un combat. Signée au revers : MI.

Diam. 0,045. Don de M. F. Lagrenée, 1866. — Inv. Sculpt. 1850, n° 155 ; D. 218.

Anonymes

519. — **Plaque** rectangulaire. Vénus et Junon décident de favoriser les amours de Didon et d'Énée.

Art limousin, vers 1530.

H. 0,22 ; L. 0,20. Acq. 1912. — Inv. 6596.

520. — **Plaque** rectangulaire. Le mariage de la Vierge.

Art limousin, prem. m. du xvie siècle (?).

H. 0,245 ; L. 0,200. Donat. Sauvageot, 1856. — Inv. 944 ; D. 202.

521. — **Plaque** ovale (enseigne de chapeau). Un homme debout, offrant une fleur à une femme.

Art français, prem. m. du xvie s.

H. 0,055 ; L. 0,041. Acq. 1886. — Inv. 3199 ; D. 1120.

Pl. XLIII.

531. — Trictrac, par L. Limousin.

533. — Plaque, par L. Limousin.

Pl. XLIV.

534. — Tableau d'autel de la Sainte-Chapelle.
Par Léonard Limousin.

522. — **Plaque rectangulaire**. Un triomphe à l'antique.

Art français, prem. m. du xvie s. (?).

H. 0,046; L. 0,088. Acq. 1886. — Inv. 3198 : D. 1119.

COLIN NOYLIER (ou NOUAILHER)

(Œuvres datées de 1539 à 1545).

523. — **Aiguière** conique, avec anse et pied en bronze doré. Jupiter lançant la foudre ; entre deux zones ornées de médaillons et de mascarons. Signée : C N.

H. 0,176 ; Diam. 0,116. Acq. 1825, Coll. Durand. — MR. 2443 ; D. 403.

524, 525, 526. — **Trois plaques** rondes, de la série des Neuf Preux :

— Josué à cheval.

Diam. 0,210. Acq. 1825, Coll. Durand. — MR. 2526 ; D. 408.

— David à cheval.

Diam. 0,210. Acq. 1825, Coll. Durand. — MR. 2527 ; D. 409.

— Judas Machabée à cheval.

Diam. 0,210. Acq. 1825, Coll. Durand. — MR. 2525 ; D. 410.

527. — **Plaque** ronde. L'empereur Claude à cheval.

Diam. 0,210. Acq. 1825, Coll. Durand. — MR. 2528 ; D. 413. — (Pl. XLII).

528. — **Deux plaques** rondes. La déesse Cérès.

— Jules César.

Diam. 0,240. Acq. 1825, Coll. Durand. — MR. 2547-2546 ; D. 411 et 412.

529. — **Deux plaques** rectangulaires, illustrant deux passages du *Pater* :

— Une prédication. (Donne-nous aujourd'hui notre pain quotidien.)

— Job sur son fumier. (Et ne nous induis point en tentation.)

H. 0,106 ; L. 0,089. — Acq. 1825, Coll. Durand. MR. 2617 ; D. 418. — Donat. Sauvageot, 1856. Inv. 966 ; D. 404.

Léonard Limousin

(Né vers 1505 ; mort vers 1576).

530. — **Plaque** rectangulaire. Psyché emportée par Zéphir. Signée : LL. 1535.

H. 0,182 ; L. 0,240. Ancien fonds. — D. 248.

531. — **Échiquier-trictrac.** Décor de grotesques, sur fond vert translucide. Signé : L L. 1537.

H. 0,465 ; L. 0,47. Acq. 1852. — Inv. Sculpt. 1850, n° 128 ; D. 249-268. — (Pl. XLIII).

532. — **Plaque** rectangulaire. Le père de Psyché consultant l'oracle d'Apollon. Cadre à plaques émaillées, décorées d'arabesques. Signée : L L. 1543. (Pendant du n° suivant).

H. 0,17 ; L. 0,23. — Acq. 1828. Coll. Révoil. — MR. R. 280 ; D. 269-273.

533. — **Plaque** rectangulaire. La toilette de Psyché. Cadre à plaques émaillées, décorées d'arabesques. Signée : L L.

H. 0,174 ; L. 0,230. — Acq. 1828, Coll. Révoil. — MR. R. 281 ; D. 274 à 278. — (Pl. XLIII). (Pendant du n° précédent).

534. — **Tableau d'autel**, provenant de la Sainte Chapelle de Paris. Au centre, le Calvaire ; autour, divers sujets de la Passion. et des Anges. Au bas, portraits du roi François Ier et de

la reine Éléonore. Signé plusieurs fois, avec les dates 1552 et 1553.

H. totale, 1,07 ; L. totale, 0, 75. — MR. 208 ; D. 282 à 304. — (Pl. XLIV).

535. — **Tableau d'autel**, provenant de la Sainte-Chapelle de Paris. Au centre, la Résurrection ; autour, divers sujets de la Passion, et des Anges. Au bas, portraits du roi Henri II et de la reine Catherine de Médicis. Signé plusieurs fois, avec les dates 1552 et 1553.

H. totale, 1,07 ; larg. totale, 0,75. — MR. 208 ; D. 305 à 327.

536. — **Plaque** ovale. Vénus et l'Amour. Signée : L L. 1555.

H. 0,196 ; L. 0,265. Acq. 1828, Coll. Révoil. — MR. R. 274 ; D. 328.

537. — **Plaque** ovale, concave. Un intérieur, avec plusieurs personnages. Signée : LL. 1572. (Pendant du n° suivant).

H. 0,294 ; L. 0,208. Acq. 1825, Coll. Durand. — MR. 2548 ; D. 361.

538. — **Plaque** ovale, concave. Scène de chasse : un seigneur à cheval, avec une femme en croupe. (Pendant du n° précédent).

H. 0,294 ; L. 0,205. Donat. Sauvageot, 1856. — Inv. 953 ; D. 362.

539. — **Plaque** rectangulaire. Neptune et Doride.

H. 0,183 ; L. 0,270. Acq. 1825, Coll. Durand. — MR. 2543 ; D. 329.

540. — **Grande plaque** rectangulaire. Saint Thomas, debout (sous les traits de François Ier). Encadrement formé de huit plaques émaillées, décorées d'ornements. (Pendant du n° suivant).

H. 0,915 ; L. 0,435. Ancien couvent des Feuillantines de Paris. — MR. 211 ; D. 341-349. — (Pl. XLVI).

541. — **Grande plaque** rectangulaire. Saint Paul, debout (sous les traits de Galiot de Genouillac). Encadrement formé de huit plaques émaillées, décorées d'ornements. (Pendant du n° précédent.)

H. 0,915 ; L. 0,435. Ancien couvent des Feuillantines de Paris. — MR. 210; D. 350 à 358.

542. — **Plaque** ovale. Portrait du comte-palatin du Rhin, en buste. Signée au revers : LL. 1550.

H. 0,200 ; L. 0,144. Acq. 1828, Coll. Révoil. — MR. R. 283 ; D. 279.

543. — **Plaque** ovale. Portrait du connétable Anne de Montmorency, en buste. Cadre orné de huit plaques émaillées, décorées de figures et d'attributs. Signée : LL. 1556.

H. 0,72 ; L. 0,56. Ancienne collection du duc de Montmorency. — Ancien fonds. — D. 330 à 338. — (Pl. XLV).

544. — **Plaque** ovale. Portrait de François de Lorraine, duc de Guise, en buste. Signée : LL. 1557.

H. 0,463 ; L. 0,312. Ancien fonds. — D. 339. — (Pl. XLVI).

545. — **Plaque** ronde. Henri II, roi de France, à cheval.

Diam. 0,28. Ancienne coll. du duc de Brissac. — Ancien fonds. — D. 340.

546. — **Plaque** ovale. Portrait de François II, roi de France, en buste.

H. 0,445 ; L. 0,315. Ancien fonds. — D. 359.

547. — **Plaque** ovale. Portrait d'homme, en buste, de trois quarts à gauche.

H. 0,135 ; L. 0,104. Acq. en 1825, Coll. Durand. — MR. 2580 ; D. 280.

548. — **Plaque** rectangulaire. Portrait d'homme, en buste, de trois quarts à gauche. (Mélanchton ?)

H. 0,228; L. 0,178. Acq. 1828, Coll. Révoil. — MR. R. 282; D. 281.

École de Léonard Limousin

549. — **Plaque** en forme de losange. Penthésilée, reine des Amazones, en buste.

H. 0,195; L. 0,170. Legs Davillier, 1883. — Inv. 3090; D. 1097.

550. — **Plaque** en forme de losange. Hélène, en buste.

H. 0,195; L. 0,170. Legs Davillier, 1883. — Inv. 3091; D. 1098.

551. — **Plaque** rectangulaire. L'Annonciation.

H. 0,135; L. 0,105. Legs de M. Leroux, 1897. — Inv. 4027.

552. — **Plaque** rectangulaire. La Cène.

H. 0,145; L. 0,120. Legs de M. Leroux, 1897. — Inv. 4006.

553. — **Plaque** rectangulaire. Jésus devant Caïphe.

H. 0,135; L. 0,105. Legs de M. Leroux, 1897. — Inv. 4007.

554. — **Plaque** rectangulaire. Deux ailes blanches, et une banderole avec l'inscription : Sub umbra tuarum.

H. 0,240; L. 0,220. Acq. 1882. — Inv. 2535; D. 956.

555. — **Plaque** rectangulaire. Un concert, dans la cour d'un château.

H. 0,460; L. 0,415. Acq. 1825, Coll. Durand. — MR. 2524; D. 366.

556. — **Plaque** ovale. Siège d'une ville.

H. 0,420; L. 0,290. Acq. 1825, Coll. Durand. — MR. 2523; D. 371.

Orfèvreries, Émaux et Gemmes.

557. — **Plaque** rectangulaire. Catherine de Médicis et deux personnages inconnus.

H. 0,30 ; L. 0,37. Acq. 1825, Coll. Durand. — MR. 2549 ; D. 360.

558. — **Plaque** rectangulaire. Portrait de Françoise d'Orléans, princesse de Condé, en buste.

H. 0,345 ; L. 0,247. Donat. Sauvageot, 1856. — Inv. 954 ; D. 363.

559. — **Plaque** ovale. Portrait d'homme.

H. 0,043 ; L. 0,033. Legs de M. Leroux, 1897. — Inv. 4013.

560. — **Aiguière**. La Purification ; des cartouches et des mascarons.

H. 0,195. Acq. 1825, Coll. Durand. — MR. 2442 ; D. 233.

561. — **Assiette**. Moïse abandonné sur les eaux.

Diam. 0,194. Donat. Sauvageot, 1856. — Inv. 985 ; D. 244.

562. — **Assiette**. Moïse tuant un Égyptien (?).

Diam. 0,194. Donat. Sauvageot, 1856. — Inv. 985 ; D. 245.

563, 564, 565, 566. — **Quatre assiettes**. Le mois de Janvier : un homme et une femme assis à table.

— Le mois de Mars : un vieillard se chauffant devant une cheminée.

— Le mois d'Avril : plusieurs femmes et des bergers, dans la campagne.

— Le mois de Juin : plusieurs femmes, dans un jardin.

Diam. 0,210. Donat. Sauvageot, 1856. — Inv. 955 ; D. 372-375.

567. — **Coupe** plate. Psyché transportée par Zéphir.

H. 0,075 ; Diam. 0,22. Acq. 1825, Coll. Durand. — MR. 2466 ; D. 378.

Pl. XLV.

543. — Portrait du connétable de Montmorency.
Par Léonard Limousin.

Pl. XLVI.

540. — Saint Thomas.
Par L. Limousin.

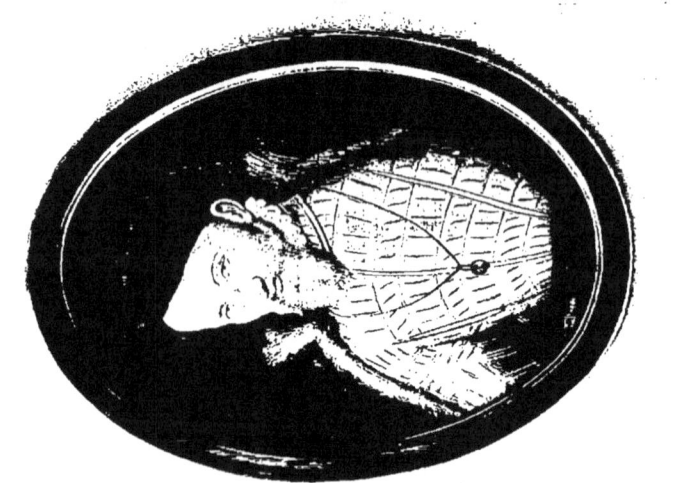

544. — Portrait du duc de Guise.
Par L. Limousin.

568. — **Coupe** avec son couvercle. A l'intérieur, Dieu apparaissant à Abraham. Au couvercle, des médaillons ovales contenant des bustes.

H. 0,205 ; Diam. 0,190. Acq. 1825, Coll. Durand. — MR. 2454 ; D. 380 et 380 bis.

569. — **Coupe** avec son couvercle. A l'intérieur, le Sacrifice de Noé après la sortie de l'arche. Au couvercle, des médaillons ovales contenant des bustes.

H. 0,24 ; Diam. 0,19. Acq. 1825, Coll. Durand. — MR. 2455 ; D. 379 et 379 bis.

570. — **Coupe** avec son couvercle. A l'intérieur : le sacrifice de Noé. Au pied : une femme offrant un gâteau à un dragon. Sur le couvercle : les femmes juives se réjouissant de l'engloutissement de l'armée de Pharaon.

H. 0,24 ; Diam. 0,19. Acq. 1825, Coll. Durand. — MR. 2453 ; D. 235 et 236.

571. — **Gobelet** à pied. La création de l'homme et de la femme.

H. 0,158 ; Diam. 0,110. Acq. 1825, Coll. Durand. — MR. 2441 ; D. 381.

572. — **Salière** hexagonale. Scènes de la vie de Moïse.

H. 0,078 ; L. 0,097. Acq. 1825, Coll. Durand. — MR. 2502 ; D. 423.

PIERRE REYMOND (ET SON ATELIER)
(Né vers 1513 ; mort peu après 1584).

573. — **Baiser de paix.** La Vierge, assise sur un trône.

H. 0,085 ; L. 0,07. Legs de M. Leroux, 1897. — Inv. 4009.

574. — **Baiser de paix.** Saint Jérôme.

H. 0,08 ; L. 0,065. Legs de M. Leroux, 1897. — Inv. 4008.

575. — **Baiser de paix.** La « Santa Casa » de Lorette.

H. 0,08 ; L. 0,065. Legs de M. Leroux, 1897. — Inv. 4010.

576. — **Plaque** rectangulaire. Un berger défendant ses moutons contre un lion. Signée : P. R. 1541.

H. 0,135 ; L. 0,105. Donat. Sauvageot, 1856. — Inv. 976 ; D. 438.

577. — **Plaque** ronde. Le Christ lavant les pieds des Apôtres. Signée : P. R.

Diam. 0,038. Donat. Sauvageot, 1856. — Inv. 977 ; D. 457.

578, 579. — **Deux plaques** rectangulaires. La Visitation. — La Nativité.

H. 0,225 ; L. 0,287. Acq. 1825, Coll. Durand. — MR. 2537 et 2538 ; D. 458 et 459.

580. — **Plaque** rectangulaire. Le Christ lavant les pieds des Apôtres.

H. 0,204 ; L. 0,170. Acq. 1825, Coll. Durand. — MR. 2532 ; D. 451.

581. — **Plaque** ronde. Le Christ portant sa croix.

Diam. 0,120. Donat. Sauvageot, 1856. — Inv. 981 ; D. 441.

582. — **Plaque** ronde. Plusieurs personnages, dans un bateau.

Diam. 0,063. Donat. Sauvageot, 1856. — Inv. 983 ; D. 454.

583, 584, 585. — **Trois plaques** rectangulaires. Chasse au sanglier ; chasse au cerf ; chasse au lapin.

H. 0,020 ; L. 0,164 et (les deux dernières) : H. 0,022 ; L. 0,170. Acq. 1825, Coll. Durand. — MR. 2562-2564 ; D. 219-221.

Pl. XLVII.

597. — Assiette.
Par P. Reymond.

594. — Assiette.
Par P. Reymond.

Pl. XLVIII.

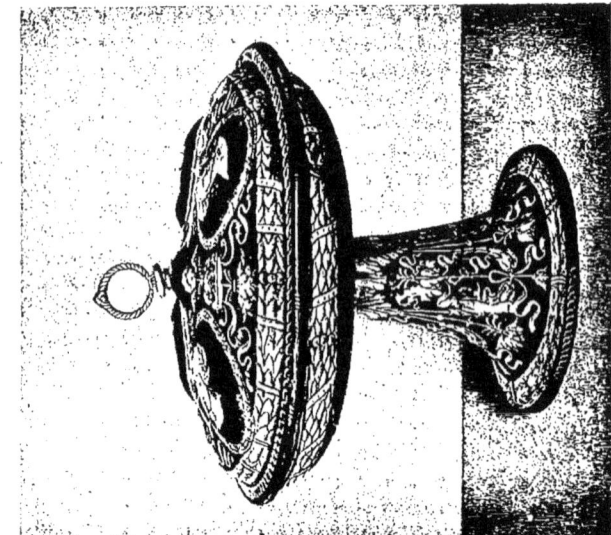

616. — Coupe.
Par P. Reymond.

595. — Assiette.
Par P. Reymond.

ÉMAUX PEINTS

586. — **Tableau d'autel du château d'Ecouen.** Assemblage de seize plaques d'émail, dans un encadrement de bois doré. Aux angles, quatre plaques rondes, représentant les quatre Évangélistes. Les douze autres plaques, rectangulaires, représentent des scènes de la Passion.

H. 0,89 ; L. 1,40. Ancien fonds. — D. 540-555.

587. — **Aiguière.** Une bacchanale. Le passage de la mer rouge. Signée : P. R.

H. 0,295 ; Diam. 0,120. Donat. Sauvageot, 1856. — Inv. 973 ; D. 472.

588. — **Aiguière.** Triomphe de Diane. Scènes de chasse. Datée : 1554.

H. 0,270 ; L. 0,100. Acq. 1825, Coll. Durand. — MR. 2420 ; D. 455. — (Pl. XLIX).

589. — **Aiguière.** Abraham et Melchisédech.

H. 0,300 ; L. 0,105. Acq. 1825, Coll. Durand. — MR. 2416 ; D. 466.

590. — **Assiette.** Adam offrant la pomme à Ève. Signée : P. R. 1560.

Diam. 0,183. Legs de M. Ch. Séguin, 1908. — Inv. 6190.

591. — **Assiette.** Adam et Ève chassés du paradis terrestre. (Pendant du n° précédent).

Diam. 0,183. Legs de M. Ch. Séguin, 1908. — Inv. 6191. — (Pl. XLVII).

592, 593, 594, 595. — **Quatre assiettes.** Scènes de l'histoire de Jason et de Médée. Aux revers, armoiries de J.-J. de Mesmes.

— N° 1. La reine Ino faisant empoisonner le grain.

— N° 3. Phryxus et Hellé traversant l'Hellespont sur le bélier à toison d'or. Signée : P. R.
— N° 6. Les Argonautes chez le roi Phinée.
— N° 13. Jason s'emparant de la toison d'or. Signé : P. R. 1567.

Diam. 0,200 à 0,203. Legs de M. Leroux, 1897. — Inv. 4021 à 4024. — (Pl. XLVIII).

596. — **Assiette**. Le festin des Dieux. Revers : des grotesques. Signée : P. R.

Diam. 0,238. Legs de M. Leroux, 1897. — Inv. 4026.

597, 598, 599, 600, 601, 602. — **Six assiettes** à fond bleu ; scènes de la légende de Suzanne. Signées : P. R.
— Suzanne au bain.
— Suzanne surprise par les deux vieillards.
— Suzanne traînée devant les juges.
— Suzanne conduite au supplice.
— L'innocence de Suzanne proclamée.
— Lapidation des vieillards.

Diam. 0,198. Acq. 1825, Coll. Durand. — MR. 2423 à 2428 ; D. 473-478. — (Pl. XLVII).

603, 604. — **Deux assiettes**. Le mois de juillet : la moisson. Signée : P. R.
— Le mois de décembre : des paysans tuant un porc. Signée : P. R.

Diam. 0,194 et 0,200. Acq. 1825, Coll. Durand. — MR. 2429 et 2430 ; D. 467 et 468.

605, 606, 607, 608, 609, 610, 611, 612, 613. — **Neuf assiettes**, représentant les Mois. Signées : P. R.
— Janvier : deux personnages à table.
— Février : un vieillard et une femme devant le feu.

— Mars : un vigneron taillant sa vigne.
— Avril : des femmes et des bergers, dans la campagne.
— Juillet : des faucheurs dans un pré.
— Août : des moissonneurs coupant les blés.
— Septembre : les semailles.
— Novembre : un porcher abattant des glands.
— Décembre : deux paysans tuant un porc.

Diam. 0,205. Ancien fonds. — D. 481-489.

614, 615. — **Deux chandeliers**, formés chacun d'un pied rond, surmonté d'une tige.
— Ruth et Booz. Neptune et Amphitrite. Signé : P. R. 1564.
— La mort d'Absalon. Divinités marines. Signé : P. R. 1564.

H. 0,333. Acq. 1825, Coll. Durand. — MR. 2506, 2507 ; D. 462 et 463.

616. — **Coupe** avec son couvercle. Dans l'intérieur, scène allégorique relative au vin. Au couvercle, médaillons en relief contenant des bustes. Signée : P. Rexmon, 1544.

H. 0,210 ; Diam. 0,205. Donat. Sauvageot, 1856. — Inv. 974 ; D. 439 et 440. — (Pl. XLVIII).

617. — **Coupe** basse. Moïse montrant au peuple le serpent d'airain. Signée : P. R., 1556.

H. 0,088 ; Diam. 0,212. Legs de M. Ch. Séguin, 1908. — Inv. 6188.

618. — **Coupe** plate. Les Juifs dansant autour du veau d'or. Signée : P. R., 1569.

H. 0,140 ; Diam. 0,185. Donat. Sauvageot, 1856. — Inv. 975 ; D. 470.

ORFÈVRERIES, ÉMAUX ET GEMMES

619. — **Couvercle de coupe.** Le triomphe de Diane. Signé : P. R.

Diam. 0,192. Acq. 1825, Coll. Durand. — MR. 4960 ; D. 453.

620. — **Couvercle de coupe.** Le triomphe de Neptune.

Diam. 0,182. Acq. 1825, Coll. Durand. — MR. 2456 ; D. 452.

621. — **Plat** ovale. Saphan lisant devant Josias le livre de la Loi. Signé : P. R. 1578.

H. 0,390 ; L. 0,515. Acq. 1825, Coll. Durand. — MR. 2419 ; D. 479.

622. — **Plat** ovale. Abraham refusant les présents du roi de Sodome. Signé : P. R.

L. 0,38 ; L. 0,50. Donat. Sauvageot, 1856. — Inv. 973 ; D. 492.

623. — **Plat** ovale. Le jugement de Salomon. Signé : P. R.

L. 0,385 ; L. 0,50. Acq. 1825, Coll. Durand. — MR. 2417 ; D. 491.

624. — **Plat** ovale. Joseph expliquant les songes de Pharaon.

L. 0,385 ; L. 0,500. Ancien fonds. — D. 480.

625. — **Plat** ovale. Le festin de Balthasar.

L. 0,385 ; L. 0,525. Legs de M. Ch. Séguin, 1908. — Inv. 6189.

626. — **Plat** rond (plateau d'aiguière), avec ombilic percé. Jethro au camp de Moïse. Signé : P. R. 1569.

Diam. 0,465. Ancien fonds. — D. 471. — (Pl. XLIX).

627. — **Salière** hexagonale. Sujets de l'histoire d'Hercule. Signée : P. R.

H. 0,077 ; L. 0,083. Acq. 1828, Coll. Révoil. — MR. R. 155 ; D. 442.

ÉMAUX PEINTS

628. — **Salière** hexagonale. Sujets de l'histoire d'Hercule.

H. 0,070; L. 0,090. Donat. Sauvageot, 1856. — Inv. 978; D. 444.

629. — **Salière** hexagonale. Sujets de l'histoire d'Hercule.

H. 0,070; L. 0,090. Donat. Sauvageot, 1856. — Inv. 978; D. 445.

630. — **Salière** hexagonale. Sujets empruntés à la Bible et à des fabliaux. Signée : P. R.

H. 0,077 ; L. 0,083. Acq. 1828, Coll. Révoil. — MR. R. 154; D. 443.

631. — **Salière** ovale. Neptune et Amphitrite.

H. 0,067; L. 0,120. Acq. 1825, Coll. Durand. — MR. 2513; D. 461.

632. — **Salière** ovale, à panse godronnée. Les travaux d'Hercule.

H. 0,075 ; L. 0,103. Donat. Sauvageot, 1856. — Inv. 979; D. 469.

633. — **Salière** en forme de piédouche rond. Vénus sur son char. Énée reçu par Didon.

H. 0,075 ; Diam. 0,105. Acq. 1825, Coll. Durand. — MR. 2499 ; D. 450.

634. — **Vase** en forme de balustre. Abraham et Melchisédech. Silène (?) et un satyre.

H. 0,235. Acq. 1825, Coll. Durand. MR. 2440; D. 465.

Le maître M. D. PAPE. — (*Milieu du XVI*e *siècle*).

635. — **Plaque** rectangulaire. Le Christ lavant les pieds des apôtres. Signée : M. D.

H. 0,15; L. 0,12. Legs de M. Leroux, 1897. — Inv. 4004.

636, 637. — **Deux plaques** (provenant d'un même monument). — Plaque cintrée : Dieu bénissant.

H. 0,050 ; L. 0,150.

Plaque rectangulaire : La Vierge entre un saint évêque et une sainte abbesse. Signée : M. Pape.

H. 0,185 ; L. 0,150. Donat. Sauvageot, 1856. — Inv. 969 ; D. 496.

638. — **Fond d'une coupe.** Le triomphe de Galathée.

Diam. 0,195. Acq. 1828, Coll. Révoil. — MR. R. 279 ; D. 506.

639. — **Plaque** cintrée. La Vierge, à genoux sur des nuages.

H. 0,290 ; L. 0,235. Acq. 1828, Coll. Révoil. — MR. R. 258 ; D. 498.

640. — **Plaque** rectangulaire. Diane au bain, surprise par Actéon. (Pendant du n° suivant).

H. 0,16 ; L. 0,30. Acq. 1825, Coll. Durand. — MR. 2535 ; D. 499.

641. — **Plaque** rectangulaire. Divinités marines. (Pendant du n° précédent).

H. 0,16 ; L. 0,30. Acq. 1825, Coll. Durand. — MR. 2536 ; D. 500. — (Pl. L).

642. — **Plaque** ronde. L'enlèvement d'Hélène.

Diam. 0,10. Legs de M. Charbonnel, 1871. — Inv. 2044.

643. — **Coffret** orné de cinq plaques représentant des Jeux d'enfants. (Attrib. à M. D.)

H. 0,122 ; L. 0,250. Acq. 1825, Coll. Durand. — MR. 2512 ; D. 507-511.

644. — **Plaque** ronde. La tête de saint Jean-Baptiste. (Attr. à M. D.).

Diam. 0,25. Acq. 1897. — Inv. 3971.

Pierre Courteys

(OEuvres datées de 1544 à 1570; mort avant 1591).

645. — **Plaque** ovale. Le mois d'août (?) : grand paysage ; des hommes nageant dans une rivière; d'autres moissonnant. (Pendant du n° suivant.)

H. 0,36; L. 0,27. Legs de M. Ch. Séguin, 1908. — Inv. 6187. (Pl. LI).

646. — **Plaque** ovale. Le mois d'octobre : Les semailles. — Signée : P. C. (Pendant du n° précédent.)

H. 0,355 ; L. 0,280. Acq. 1828, Coll. Durand. — MR. 2646 ; D. 520.

647. — **Plaque** rectangulaire. Le sacrifice d'Abraham. Signée : P. Corteys. m. f.

H. 0,150; L. 0,130. Acq. 1825, Coll. Durand. — MR. 2622 ; D. 516.

648. — **Assiette**. Le mois de février : plusieurs personnages assis devant une cheminée. (Pendant du n° suivant).

Diam. 0,187. Acq. 1825, Coll. Durand. — MR. 2437; D. 537.

649. — **Assiette**. Le mois de juillet : les faucheurs. Signée : P. C. (Pendant du n° précédent).

Diam. 0,190. Acq. 1825, Coll. Durand. — MR. 2433 ; D. 538.

650. — **Coffret** à couvercle semi-cylindrique. Au couvercle, création de l'homme et de la femme. Au pourtour : Lapidation du blasphémateur; Festin de Balthazar; David calmant Saül; Loth et ses filles. Signé : P.C.

H. 0,20; L. 0,215. Donat. Sauvageot, 1856. — Inv. 948; D. 523.

651. — **Grand coffret** rectangulaire, composé de quatre plaques, et de quatre bandes d'encadrement. — Le festin des Dieux ; signé : P. C. — Jupiter foudroyant les Titans ; signé : P. Courteys. — Apollon et Daphné ; signé : P. C. — Le festin de Didon (?).

H. 0,275 ; L. 0,375. Don de M. le docteur Malécot, 1895. — Inv. 3897. — (Pl. LI).

652. — **Coupe** basse. A l'intérieur, Jupiter entre Vénus et Mercure. Signée : P. C.

H. 0,105 ; Diam. 0,19. Acq. 1825, Coll. Durand. — MR. 2459; D. 533.

653. — **Couvercle d'une coupe.** Il est orné de quatre médaillons en relief, contenant des personnages en buste. Signé : P. C.

Diam. 0,199. Acq. 1825, Coll. Durand. — MR. 2459; D. 534.

654. — **Plat** ovale. Le festin des Dieux. Signé : P. Corteys. 1560.

L. 0,385; D. 0,505. Ancien fonds. — D. 512. — (Pl. LII).

655. — **Plat** ovale. Apollon et les Muses. Signé : .....
Pierre. Cor...ys...

L. 0,385; L. 0,50. Acq. 1825, Coll. Durand. — MR. 2439 ; D. 514.

Pl. XLIX.

588. — Aiguière, par P. Reymond.

626. — Plat, par P. Reymond.

Pl. L.

691. — Assiette, par Jean Court dit Vigier.

641. — Plaque, par M. D.

ÉMAUX PEINTS

656. — **Plat** rond, à ombilic. La Terre et la Mer. Signé : 1568... P. Courteys.

Diam. 0,525. Acq. 1825, Coll. Durand. — MR. 2406; D. 513.

École de Pierre Courteys

657. — **Plaque de baiser de paix.** La Vierge debout, avec deux saints et un donateur.

H. 0,094 ; L. 0,075. Donat. Sauvageot, 1856. — Inv. 968 ; D. 493.

658. — **Plaque** ovale. Pompée.

H. 0,162 ; L. 0,145. Legs de M. Leroux, 1897. — Inv. 4017.

659. — **Plaque** rectangulaire. Cléopâtre.

H. 0,155 ; L. 0,13. Legs de M. Leroux, 1897. — Inv. 4016.

660. — **Plaque** rectangulaire. Un faune et une faunesse, en buste, et de profil.

H. 0,105 ; L. 0,111. Legs de M. Leroux, 1897. — Inv. 4018.

661. — **Plaque** rectangulaire. L'entrée dans l'Arche.

H. 0,107 ; L. 0,180. Donat. Sauvageot, 1856. — Inv. 972 ; D. 246.

662, 663. — **Deux plaques** rondes, repoussées. — Buste de Pompée, de profil à gauche. — Buste de Julie, femme de Pompée, de profil à gauche.

Diam. 0,174. Acq. 1825, Coll. Durand. — MR. 2529 et 2530; D. 390-391.

664. — **Coffret** orné de cinq plaques représentant l'Histoire de Psyché. Au couvercle : Psyché emportée par Zéphir.

H. 0,93; L. 0,165.

Aux quatre faces : Le repas de Psyché. — Le bain de Psyché. — La toilette de Psyché. — Psyché et l'Amour.

H. 0,085 ; Long. 0,165 ; Larg. 0,093. Acq. 1828, Coll. Révoil. — MR. R. 90; D. 501 à 505.

665. — **Coupe** à couvercle. A l'intérieur : Énée racontant ses malheurs à Didon. Au couvercle : des médaillons contenant des têtes.

H. 0,24 ; Diam. 0,197. Legs de M. Ch. Séguin, 1908. — Inv. 6186.

666. — **Plat** rond. Le festin des noces de Psyché.

Diam. 0,29. Acq. 1825, Coll. Durand. — MR. 2421 ; D. 584.

667. — **Plat** rond. Le mois d'avril : des bergers et des bergères, dans la campagne.

Diam. 0,265. Acq. 1825, Coll. Durand. — MR. 2422; D. 585.

668. — **Vase** en forme de balustre. Sur la panse, le Triomphe de Diane. Sur le socle, le Triomphe de Junon.

H. 0,31 ; Diam. 0,17. Acq. 1825, Coll. Durand. — MR. 2407 ; D. 539.

Le maître I. C. (Jean Courteys ou Jean de Court?).
(Seconde moitié du XVIe siècle.)

669. — **Plaque** rectangulaire. La prédication de saint Jean-Baptiste. Signée : I. C.

H. 0,203; L. 0,158. Donat. Sauvageot, 1856. — Inv. 958; D. 558.

Pl. LI.

645. — Plaque, par Pierre Courteys.

651. — Plaque, par Pierre Courteys.

Pl. LII.

678. — Assiette, par I. C.

674. — Plat, par Pierre Courteys.

670. — **Plaque** rectangulairé. Le Christ au Jugement dernier. Signée : I. C.

H. 0,20; L. 0,125. Donat. Sauvageot, 1856. — Inv. 957; D. 557.

671. — **Plaque de baiser de paix.** La Pitié.

H. 0,095; L. 0,075. Donat. Sauvageot, 1856. — Inv. 961; D. 580.

672. — **Aiguière.** A la panse, combat de cavaliers. Signée : I. C.

H. 0,265; Diam. 0,120. Acq. 1825, Coll. Durand. — MR. 2418; D. 570.

673 à 678. — **Six assiettes** retraçant des scènes de l'histoire de Joseph. Signées : I. C.
— Joseph et la femme de Putiphar.
— Joseph mené en prison.
— Le songe de Pharaon.
— Joseph expliquant le songe de Pharaon.
— Joseph conduit en triomphe.
— Joseph présidant à l'approvisionnement de l'Égypte.

Diam. 0,202. Anc. coll. du duc de Brissac. — Ancien fonds; D. 562-567. — (Pl. LII).

679. — **Assiette.** La naissance des fils de Joseph. Signée : I. C.

Diam. 0,20. Donat. Sauvageot, 1856. — Inv. 959; D. 579.

680, 681, 682. — **Trois assiettes.** Le mois de février : trois personnages devant une cheminée.
— Le mois de juin : la tonte des moutons.
— Le mois de juillet : les faucheurs. Signée : I. C.

Diam. 0,200. — Ancien fonds; D. 576-578.

683. — **Chandelier** à large base godronnée. Au pied : sur douze godrons, six sujets de la vie d'Hercule, et six divinités debout. Au plateau : chasse à l'ours. Au balustre : triomphe d'Amphitrite. Signé : I. C. (Pendant du n° suivant).

H. 0,155; Diam. 0,20. Acq. 1825, Coll. Durand. — MR. 2504; D. 568.

684. — **Chandelier**, pendant du n° précédent. Au pied : six sujets de la vie d'Hercule, et six divinités debout. Au plateau : chasse à l'ours. Au balustre : triomphe d'Amphitrite. Signé : I. C.

H. 0,155; Diam. 0,20. Acq. 1825, Coll. Durand. — MR. 2505; D. 569.

685. — **Coupe** plate. L'entrée dans l'arche. Signée : I. C.

H. 0,105; Diam. 0,263. Acq. 1825, Coll. Durand. — MR. 2461; D. 571.

686. — **Fond de coupe**. Loth et ses filles. Signé : I. C.

Diam. 0,260. Acq. 1825, Coll. Durand. — MR. 2462; D. 560.

687. — **Aiguière**. A la panse, Triomphe de Neptune, et Triomphe de Cérès. (École de I. C.).

H. 0,282; Diam. 0,108. Acq. 1825, Coll. Durand. — MR. 2411; D. 582.

Martial Courteys (ou Courtois)
(*Mort en 1592*).

688. — **Plat** rond. Les Niobides. Signé : Courtois.

Diam. 0,465. Acq. 1825, Coll. Durand. — MR. 2412; D. 515. — (Pl. LIII).

Pl. LIII.

688. — Plat, par M. Courteys.

724. — Plat, par Susanne de Court.

Pl. LIV.

743. — Plat, par Jean Limousin.

758. — Plaque, par Jacques II Laudin.

ÉMAUX PEINTS

689. — **Plaque** ovale. Vénus et l'Amour, au milieu de grotesques.

H. 0,131; L. 0,098. Donat. Sauvageot, 1856. — Inv. 962; D. 583.

690. — **Plaque** ovale. Diane, au milieu de grotesques. (Revers d'un miroir).

H. 0,116; L. 0,083. Legs de M. Leroux, 1897. — Inv. 4020.

Jean Court dit Vigier

(Œuvres datées de 1556 à 1558).

691. — **Assiette**. Le mois d'avril : un homme et une femme assis sur un banc, dans un jardin. Signée : I.C.D.V.

Diam. 0,183. Acq. 1825, Coll. Durand. — M.R. 2432; D. 589. — (Pl. L).

692. — **Assiette**. Le mois d'octobre : les semailles; une femme tend une coupe à un semeur. (École de I.C.D.V.)

Diam. 0,187. Acq. 1825, Coll. Durand. — MR. 2434; D. 590.

693. — **Assiette**. Vénus sur son char. (École de I.C.D.V.)

Diam. 0,203. Acq. 1825, Coll. Durand. — MR. 2430; D. 572.

694, 695, 696. — **Trois assiettes** armoriées (École de I.C.D.V.) Le mois de mai : un cavalier ayant une jeune femme en croupe.

Acq. 1828, Coll. Révoil. — MR. R. 173.

— Le mois de juin : La tonte des moutons.

— Le mois d'octobre : les vendanges.

Diam. 0,183. Acq. 1825, Coll. Durand. — MR. 2435-2436. D. 573-575.

Orfèvreries, Émaux et Gemmes.

Jean de Court

(Travaille en 1555 et après 1563).

697. — **Plaque** ovale, en partie repoussée. Minerve debout. Signée : I. D. C.

H. 0,52 ; L. 0,40. Acq. 1825, Coll. Durand. — MR. 2519 ; D. 591.

Anonymes. — *Second tiers du XVIe siècle.*

698. — **Plaque** carrée. Un guerrier assis au pied d'un arbre ; devant lui, des armes.

H. 0,09 ; L. 0,09. Legs de M. Leroux, 1897. — Inv. 4019.

699. — **Plaque** rectangulaire. Phaéton sur son char.

H. 0,087 ; L. 0,150. Acq. 1825, Coll. Durand. — MR. 2509 ; D. 447.

700. — **Plaque** rectangulaire. Énée consolant les Troyens.

H. 0,082 ; L. 0,100. Acq. 1825, Coll. Durand. — MR. 2620 ; D. 231.

701. — **Plaque** rectangulaire. Le festin d'Énée et de Didon.

H. 0,090 ; L. 0,146. Donat. Sauvageot, 1856. — Inv. 982 ; D. 448.

702. — **Plaque** rectangulaire. Le jugement de Salomon. (Pendant du n° suivant).

H. 0,076 ; L. 0,130. Donat. Sauvageot, 1856. — Inv. 971 ; D. 446.

703. — **Plaque** rectangulaire. Le martyre de saint Sébastien. (Pendant du n° précédent).

H. 0,076; L. 0,130. Acq. 1828, Coll. Révoil. — MR. R. 277; D. 230.

704. — **Plaque** rectangulaire. La Cène.

H. 0,145; L. 0,120. Legs de M. Leroux, 1897. — Inv. 4006.

705, 706. — **Deux plaques** rectangulaires. Le Christ en croix, et la Pitié.

H. 0,127; L. 0,102. Acq. 1825, Coll. Durand. — MR. 2631-2632; D. 212-213.

707, 708. — **Deux plaques** rectangulaires, décorées de trophées, en hauteur.

H. 0,223; L. 0,033. Acq. 1825, Coll. Durand. — MR. 4967 et 4968; D. 369 et 370.

709. — **Plaque** ronde. La Géométrie.

Diam. 0,06. Legs de M. Leroux, 1897. — Inv. 4014.

710. — **Médaillon** orné de deux plaques émaillées : saint Sébastien, et saint Jérôme.

Diam. 0,04. Legs Davillier, 1883. — Inv. 3084 ; D. 1091.

711. — **Aiguière**. Sur la panse, deux séries de combats et de jeux de divinités marines. (Le col, le pied et la monture sont modernes.)

H. 0,275. Legs de M. Ch. Séguin, 1908. — Inv. 6185.

712, 713, 714, 715. — **Quatre assiettes**, en grisaille sur fond bleu. (Voir le n° suivant.) — La création d'Adam.

— Dieu interdit à Adam et à Ève de toucher à l'arbre de la science du bien et du mal.

— Adam et Ève après la faute.
— Caïn tue Abel.
Diam. 0,25. Legs de M. Ch. Séguin, 1908. — Inv. 6192-6195.

716. — **Assiette**. Adam et Ève. (Voir les n⁰ˢ précédents.) Diam. 0,206. Acq. 1825, Coll. Durand. — MR. 2438; D. 376.

717. — **Coupe** à couvercle. A l'intérieur, Neptune calmant les flots. Au couvercle, des médaillons en relief, ornés de têtes.
H. 0,20; Diam. 0,190. Acq. 1825, Coll. Durand. — MR. 2457; D. 242 et 243.

718. — **Coupe** (factice). A l'intérieur : le sacrifice de Noé. Au pied : une frise d'enfants.
H. 0,11; Diam. 0,175. Acq. 1825, Coll. Durand. — MR. 2456; D. 234.

719. — **Coupe**. A l'intérieur, le triomphe d'un guerrier.
H. 0,110; Diam. 0,190. Acq. 1825, Coll. Durand. — MR. 2460; D. 419.

720. — **Salière** hexagonale. Les travaux d'Hercule.
H. 0,070; L. 0,075. Acq. 1825, Coll. Durand. — MR. 2500; D. 422.

Martial Reymond
(Mort en 1599).

721 à 726. — **Six plaques** rondes représentant des sujets de la Passion. Signées : M.R.

— Le couronnement d'épines.
— Le Christ portant sa croix.

— La crucifixion.
— La Pitié.
— La mise au tombeau.
— La résurrection.

Diam. 0,055. Acq. 1828, Coll. Révoil. — MR. R. 284 ; D. 494.

JEAN REYMOND ou JOSEPH REYMOND. (*Mort en 1603*).

727. — **Plaque** rectangulaire. Adoration de l'Eucharistie. Signée : I. R..

H. 0,116 ; L. 0,096. Acq. 1857. — Inv. 45 ; D. 495.

ANONYMES. — *Fin du XVIe siècle et début du XVIIe*.

728. — **Plaque** ovale. Henri II à mi-corps, en armure, de profil à gauche.

Seconde moitié du xvie s.

H. 0,15 ; L. 0,11. Acq. 1852. — Inv. des Sculptures, 1850, n° 141. (Placée dans le fronton d'un meuble du xvie s.)

729. — **Plaque** rectangulaire. Le Christ en croix ; à ses pieds, des donateurs.

Fin du xvie s.

H. 0,174 ; L. 0,147. Legs de M. Ch. Séguin, 1908. — Inv. 6200.

730. — **Plaque** ovale. Diane et Calisto.

Fin du xvie s. ou début du xviie.

H. 0,090 ; L. 0,065. Donat. Sauvageot, 1856. — Inv. 986 ; D. 596.

731. — **Plaque** rectangulaire. L'Ascension.

H. 0,303 ; L. 0,193. Legs de M. Gatteaux, 1881. — Inv. 2523 ; D. 957.

Suzanne Court ou de Court

(Fin du XVIe siècle et commencement du XVIIe).

732. — **Aiguière**. A la panse : le Triomphe de Flore, et une scène biblique (?). Signée : Susanne de Court F.

H. 0,287 ; Diam. 0,135. Acq. 1825, Coll. Durand. — MR. 2409 ; D. 592.

·733. — **Assiette**. Rencontre de Jacob et d'Esaü. Signée : S. C.

Diam. 0,193. Legs de M. Leroux, 1897. — Inv. 4025.

734. — **Plat** ovale. La reine de Saba apportant des présents à Salomon. Signé : Susanne de Court F.

L. 0,383 ; Long. 0,513. Acq. 1825, Coll. Durand. — MR. 2410 ; D. 593. — (Pl. LIII).

735. — **Plat** ovale. Les Vierges sages et les Vierges folles. Signé : Susanne Court.

L. 0,385 ; Long. 0,495. Acq. 1825, Coll. Durand. — MR. 2408 ; D. 594.

736. — **Plaque** ovale. Vénus et l'Amour.

H. 0,075 ; L. 0,061. Donat. Sauvageot, 1856. — Inv. 987 ; D. 597.

François Limousin

(Mort avant 1646).

737. — **Plaque** rectangulaire. Neptune sur les flots. Signée : F. L. 1633.

H. 0,090 ; L. 0,110. Acq. 1825, Coll. Durand. — MR. 2510 ; D. 393.

738. — **Plaque** ovale. Une femme implorant Junon. Signée : F. L.

H. 0,092 ; L. 0,067. Acq. 1825, Coll. Durand. — MR. 2625 ; D. 395.

739. — **Plaque** ovale (revers d'un miroir). Vénus et l'Amour.

H. 0,083 ; L. 0,060. Acq. 1828, Coll. Révoil. — MR. R. 205 ; D. 398.

740. — **Plaque** ovale. Orion percé de flèches par Apollon.

H. 0,110 ; L. 0,080. Acq. 1825, Coll. Durand. — MR. 2623 ; D. 394.

741. — **Plaque** ovale. Orphée charmant les animaux.

H. 0,100 ; L. 0,074. Acq. 1825, Coll. Durand. — MR. 2624 ; D. 397.

742. — **Plaque** ovale. Orphée devant Pluton et Proserpine.

H. 0,094 ; L. 0,067. Acq. 1825, Coll. Durand. — MR. 2626 ; D. 396.

Jean Limousin
(Mort après 1646).

743. — **Plat** ovale. Esther aux pieds d'Assuérus. Signé : IEHAN LIMOSIN.

L. 0,390 ; Long. 0,490. Ancien fonds. — D. 382. — (Pl. LIV).

744. — **Plaque** octogonale. Un vieillard assis auprès de Minerve. Signée : I. L.

H. 0,047 ; L. 0,036. Donat. Sauvageot, 1856. — Inv. 989 ; D. 383.

745. — **Plaque** rectangulaire. L'Amour divin vainqueur de l'Amour profane. Signée : I. L.

H. 0,106 ; L. 0,075. Donat. Sauvageot, 1856. — Inv. 988 ; D. 392.

746. — **Salière** à cinq pans. Sur chaque face, une Vertu debout ; dans le saleron, buste de Louis XIII enfant.

H. 0,108 ; Diam. 0,160. Donat. Sauvageot, 1856. — Inv. 993 ; D. 388.

Joseph Limousin
(Mort après 1666).

747. — **Salière** à six pans, en forme de piédouche. Sur chaque face, une figure debout. Dans le saleron, une femme à mi-corps. Signée : Ioseph Limosin Feci.

H. 0,100 ; Diam. 0,142. Acq. 1825, Coll. Durand. — MR. 2497 ; D. 399.

748. — **Salière** à six pans, en forme de piédouche. Sur chaque face, une figure debout. Dans le saleron, un buste de guerrier.

H. 0,082 ; Diam. 0,125, Acq. 1825, Coll. Durand. — MR. 2501 ; D. 400.

Attr. à Noel I Laudin
(1586-1681).

749. — **Plaque** ronde. Une femme vue de face, à mi-corps.

Diam. 0,071. Donat. Sauvageot, 1856. — Inv. 997 ; D. 602.

750. — **Plaque** rectangulaire. Femme vue de face, à mi-corps.

H. 0,10; L. 0,078. Donat. Sauvageot, 1856. — Inv. 998; D. 603.

Jacques I Laudin (*1627-1695*), ou Jean Laudin (*1616-1688*).

751, 752, 753, 754. — **Quatre plaques** rondes, de la série des Douze Césars. — Jules César (signée : I. L.). — Caligula. — Claude. — Vespasien.

Diam. 0,12. Acq. 1828, Coll. Révoil. — MR. R. 260 et s.; D. 609 et s.

755. — **Coupe** basse. Au fond, Tobie et l'Ange. Signée : I. L.

Diam. 0,138. Acq. 1828, Coll. Révoil. — MR. R. 174; D. 621.

756. — **Coupe** basse. Au fond, un cavalier galopant. Signée : I. L.

Diam. 0,147. Acq. 1825, Coll. Durand. — MR. 2476; D. 629.

757. — **Coupe** basse, à deux anses. Au fond, trois personnages, dont un jeune homme jouant de la guitare. Signée : I. L.

Diam. 0,138. Acq. 1825, Coll. Durand. — MR. 2470; D. 630.

Jacques II Laudin (*1663-1729*).

758. — **Plaque** rectangulaire. Le triomphe de César. Signée : I. Laudin emailleur a Limoges, 1693. (Pendant du n° suivant).

H. 0,165; L. 0,235. Acq. 1825, Coll. Durand. — MR. 2533; D. 658. — (Pl. LIV).

759. — **Plaque** rectangulaire. Le sac d'une ville. Signée : I. Laudin emaillieur a Limoges, 1693. (Pendant du n° précédent.)

H. 0,165 ; L. 0, 235. Acq. 1825, Coll. Durand. — MR. 2534 ; D. 659.

760. — **Plaque** ovale. Le baptême du Christ. Signée : I. L.

H. 0,178 ; L. 0,150. Donat. Sauvageot, 1856. — Inv. 994 ; D. 666.

761. — **Plaque** rectangulaire. La sainte Famille. Signée : I. L.

H. 0,160 ; L. 0,200. Acq. 1825, Coll. Durand. — MR. 2542 ; D. 663.

762. — **Plaque** rectangulaire. La sainte Famille. Signée : I. L.

H. 0,203 ; L. 0,167. Acq. 1825, Coll. Durand. — MR. 2544 ; D. 667.

763. — **Plaque** rectangulaire. L'air : un fauconnier, à mi-corps. Signée : I. L.

H. 0,180 ; L. 0,150. Acq. 1825, Coll. Durand. — MR. 2557 ; D. 660.

764. — **Plaque** rectangulaire. La Terre : un valet de chiens, vu à mi-corps. Signée : I. L.

H. 0,180 ; L. 0,150. Acq. 1825, Coll. Durand. — MR. 2558 ; D. 661.

765. — **Bourse**, munie de deux plaques émaillées, ovales. Sur une plaque, un jeune homme en buste ; sur l'autre, une jeune femme en buste. Signée : I. L.

H. 0,090 ; L. 0,065. Acq. 1828, Coll. Révoil. — MR. R. 204 ; D. 683-684.

ÉMAUX PEINTS

Anonymes. — *XVIIe-XVIIIe siècles.*

766. — **Plaque** rectangulaire. Le Christ, couronné d'épines. (Pendant du n° suivant.)

H. 0,125 ; L. 0,100. Legs Davillier, 1883. — Inv. 3096 ; D. 1103.

767. — **Plaque** rectangulaire. La Vierge de douleurs. (Pendant du n° précédent.)

H. 0,125 ; L. 0,100. Legs Davillier, 1883. — Inv. 3095 ; D. 1102.

768. — **Bourse**, formée de deux plaques, décorées de rinceaux en relief et émaillés.

H. 0,100 ; L. 0,078. Legs Lenoir, 1874. — Inv. 2299.

769. — **Coupe** basse, à godrons, munie de deux anses. Au fond, sainte Marie-Madeleine à mi-corps. — (Attr. à H. Poncet ?).

Diam. 0,130. Acq. 1825, Coll. Durand. — MR. 2472 ; D. 604.

Jacques Nouailher
(*Né en 1605, mort après 1680*).

770. — **Plaque** rectangulaire, émaillée sur relief. L'adoration des Bergers.

H. 0,205 ; L. 0,160. Acq. 1825, Coll. Durand. — MR. 2531 ; D. 430.

Pierre I Nouailher
(*1657-1717*).

771. — **Coupe** basse, à six godrons. Au fond, la tête de saint Jean présentée à Hérode. Signée : P. N.

Diam. 0,135. Acq. 1825, Coll. Durand. — MR. 2468 ; D. 427.

772. — **Coupe** basse, à six godrons. Au fond, le Repos de la Sainte famille. Signée : P. N.

Diam. 0,135. Acq. 1825, Coll. Durand. — MR. 2469 ; D. 426.

École des Nouailher, *XVIIIe siècle*.

773. — **Coupe** basse, à douze godrons. Au fond, un empereur à cheval.

Diam. 0,145. Donat. Sauvageot, 1856. — Inv. 996 ; D. 437.

GEMMES

SCULPTURES EN RONDE BOSSE

774 à 785. — **Bustes des douze Césars**. Les têtes, en pierres dures, sont montées sur des bustes en argent doré.
— Ivl. Caesar. Tête en calcédoine verte. — H. 0,160.
— Augustus. Tête en plasma antique. — H. 0,160.
— Tiberius. Tête en améthyste. — H. 0,168.
— Caligvla. Tête en chrysoprase. — H. 0,163.
— Clavdivs. Tête en agate grise. — H. 0,163.
— Nero. Tête en sardoine. H. 0,168.
— Galba. Tête en silex blanc. — H. 0,170.
— Otho. Tête en cristal de roche. — H. 0,170.
— Vitellivs. Tête en jaspe vert. — H. 0,173.
— Vespasianvs. Tête en calcédoine blanche. — H. 0,165.
— Titvs. Tête en cornaline. — H. 0,168.
— Domitianus. Tête en sardoine. — H. 0,163.

XVIe s.

Legs de M. Th. Dablin, 1861. — Inv. 66 à 77; E. 5 à 16.

786. — **Buste d'une Victoire**, en agate.

Seconde moitié du XVIe s.

H. 0,145; L. 0,080, Coll. Cour. — MR. 105; E. 23.

787. — **Statuette** en jaspe vert. Le Christ attaché à la colonne; colonne en cristal de roche; piédestal en or, orné de figures et émaillé.

Fin du XVIe s. ou com^t du XVIIe.

H. 0,22. Coll. Cour. — MR. 153; E. 1. — (Pl. LXII).

788. — **Tête de mort**, en cristal de roche.

H. 0,085 ; L. 0,110. Coll. Cour. — MR. 327 ; E. 22.

789. — **Buste de femme** en cristal de roche vert. Elle est vêtue d'une robe ouverte et a les cheveux couverts d'un voile. (Base moderne.)

xviie s.

H. 0,108. Coll. Cour. — MR. 330 ; E. 18.

790. — **Buste de femme** en cristal de roche violet. Elle est coiffée d'un bandeau.

xviiie s.

H. 0,094. Coll. Cour. — MR. 331 ; E. 19.

CAMÉES

791. — **Plaque** en lapis, sculptée sur les deux faces ; d'un côté le Christ, de l'autre, la Vierge. Monture ornée de perles et de turquoises.

Art byzantin, xi-xiie s.

H. 0,083 ; L. 0,060. Trésor de l'abbaye de Saint-Denis. — MR. 95 ; E. 24. — (Pl. LV).

792. — **Médaillon** en jaspe ; la Vierge en buste, de face.

Art byzantin, xi-xiie s.

Diam. 0,031. Acq. 1828, Coll. Révoil. — MR. R. 219.

793. — **Plaque** rectangulaire, en stéatite. L'archange saint Michel, en buste.

Art byzantin, xi-xiie s.

H. 0,030 ; L. 0,023. Acq. 1906. — Inv. 6045.

Pl. LV.

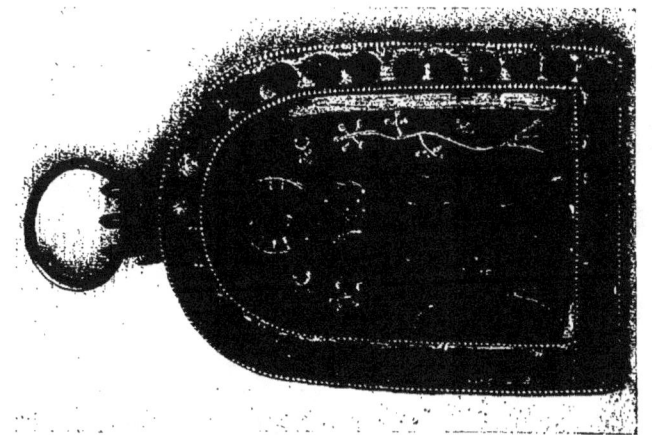

794. — Plaque en stéatite.
Art byzantin, XII-XIIIᵉ s.

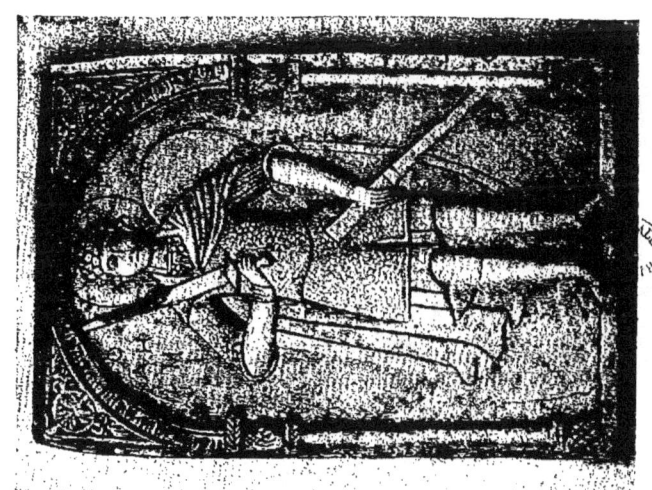

791. — Plaque en lapis.
Art byzantin, XI-XIIᵉ s.

Pl. LVI.

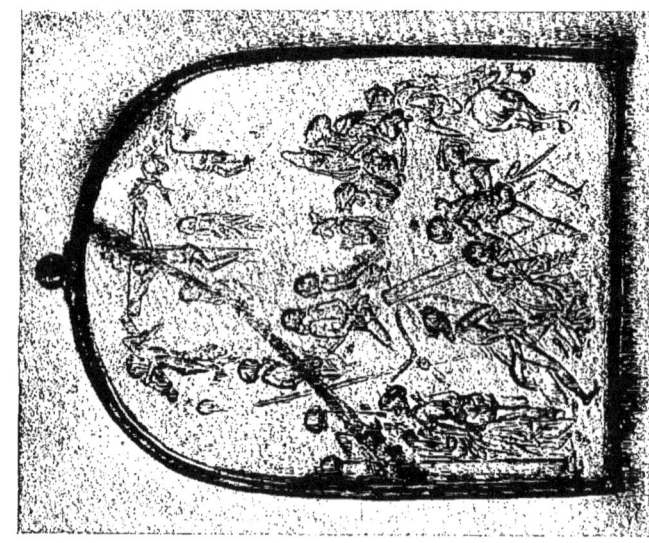

811. — Plaque en cristal de roche.
XVIe s.

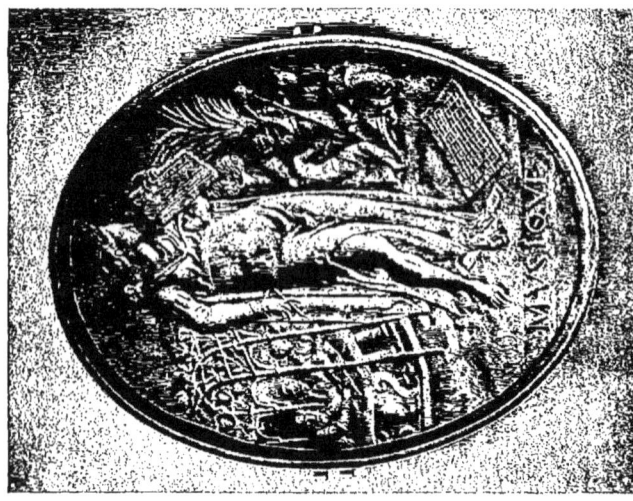

812. — Plaque en lapis.
Art français. XVIe s.

794. — **Plaque** en stéatite; saint Démétrius, debout, en pied.

Art byzantin, xii-xiiie s.

H. 0,092; L. 0,062. Acq. 1897. — Inv. 3969. — (Pl. LV).

795. — **Plaque** en stéatite ; saint Jean l'Économe, debout, en pied.

Art byzantin, xii-xiiie s.

H. 0,092 ; L. 0,062. Acq. 1897. — Inv. 3970.

796. — **Petit bas-relief** en stéatite; saint Démétrius, debout, en pied.

Art byzantin, xiiie s.

H. 0,10; L. 0,055. — Inv. N. 1125.

797. — **Médaillon** en jaspe ; le Christ, en buste, de face.

Art byzantin, xiii-xive s. (?).

H. 0,025 ; L. 0,020. Acq. 1828, Coll. Révoil. — MR. R. 220.

798. — **Médaillon** en saphirine ; saint Nicolas, en buste, de face.

Art byzantin, xiii-xive s. (?).

H. 0,027 ; L. 0,018. — MR. 84.

799. — **Médaillon** en jaspe sanguin. Le Christ en croix, entre la Vierge et saint Jean. (Imitation d'un camée byzantin, exécutée en occident, au moyen âge).

H. 0,058 ; L. 0,045. Acq. 1828, Coll. Révoil. — MR. R. 218.

800. — **Camée** sur sardoine-onyx ; le Christ et la Vierge, en buste ; au-dessus d'eux, le Saint-Esprit.

Art italien (?), xve s. (?).

H. 0,028; L. 0,027. — E. 26.

ORFÈVRERIES, ÉMAUX ET GEMMES.

801. — **Médaillon** en nacre ; l'Annonciation.

Art allemand (?), seconde moitié du xve s.

Diam. 0,046. Legs Davillier, 1883. — Inv. 2780 ; D. 1105.

802. — **Camée** sur coquille ; la Vierge adorant l'Enfant Jésus dans la crèche.

Art italien, com^t du xvie s.

H. 0,065 ; L. 0,045. Legs Davillier, 1883. — Inv. 2781 ; D. 1104.

803. — **Camée** sur sardoine. L'empereur Charles-Quint (?) en buste, de profil à gauche.

Art italien, xvie s.

H. 0,024 ; L. 0,019. Legs Davillier, 1883. — Inv. 3067.

804. — **Médaillon** en nacre ; Henri III, roi de France, en buste, de trois-quarts à droite.

Art français, seconde moitié du xvie s.

H. 0,045 ; L. 0,036. Donat. Sauvageot, 1856. — Inv. 559 ; E. 30.

805. — **Camée** sur calcédoine ; le pape Pie V (1566-1572) en buste, de profil à droite.

Art italien, seconde moitié du xvie s.

H. 0,035 ; L. 0,031. Acq. 1839. — LP. 1979 ; E. 29.

806. — **Camée** sur calcédoine ; une femme en buste, de profil à gauche. Encadrement et revers en or émaillé.

Art italien, seconde moitié du xvie s.

H. 0,038 ; L. 0,030. Acq. 1828, Coll. Révoil. — MR. R. 216 ; E. 27.

807. — **Camée** sur coquille ; Henri IV et Marie de Médicis, en buste, de profil à droite.

Art français, début du xviie s.

H. 0,056 ; L. 0,037. Acq. 1828, Coll. Révoil. — MR. R. 226 ; E. 31.

808. — **Camée** sur coquille ; Louis XIII, roi de France ; en buste, de profil à droite.

Art français, xviie s.

H. 0,054 ; L. 0,037. Acq. 1828, Coll. Révoil. — MR. 225 ; E. 32.

809. — **Coupe** en argent doré et émaillé, ornée de 144 camées sur coquille, représentant des princes de la maison d'Autriche, leurs armoiries et leurs devises. Elle a été faite pour l'empereur Ferdinand III (1637-1657).

Art allemand, xviie s.

H. 0,075 ; L. 0,375 ; Larg. 0,315. — MR. 107 ; E. 33.

INTAILLES

810. — **Médaillon** rond, en porphyre. La Paix. Revers d'une médaille du pape Léon X (1513-1521).

Art italien, com^t du xvie s.

Diam. 0,040. Don de M. Charles Stein, 1893. — Inv. 3330.

811. — **Plaque** en cristal de roche. Le Calvaire.

Art allemand (?), com^t du xvie s.

H. 0,092 ; L. 0,075. Acq. 1893. — Inv. 3318. — (Pl. LVI).

812. — **Plaque ovale**, en lapis. La Musique.

Art français, seconde moitié du xvie s.

H. 0,128 ; L. 0,095. — MR. 111 ; E. 36. — (Pl. LVI).

813. — **Médaillon** rond, en cristal de roche. Le Calvaire. Monture en bronze doré.

Com^t du xviie s.

Diam. 0,075. Donation Sauvageot, 1856. — Inv. 568.

VASES ET OBJETS DIVERS

AGATES

814. — **Aiguière** en agate ; de forme ovoïde, sur pied. Monture émaillée ; l'anse est formée par une sirène.

Fin du xvie s.

H. 0,265 ; L. 0,125. Coll. Cour. — MR. 231 ; E. 38.

815. — **Burette** en agate. De forme ovoïde, sur pied à balustre. Monture émaillée. (Voir le n° suivant.)

Seconde moitié du xvie s.

H. 0,124. Coll. Cour. — MR. 242 ; E. 41.

816. — **Burette** en agate. (L'anse manque). Pendant du n° précédent.

H. 0,10. Coll. Cour. — MR. 241 ; E. 257.

817. — **Chope** en agate ; à cinq godrons ; anse prise dans la masse.

xviie s.

H. 0,18 ; L. 0,13. Coll. Cour. — Inv. 33.

818. — **Coupe** en agate-onyx ; de forme ronde, sur pied à balustre. Monture émaillée, enrichie de pierreries.

Seconde moitié du xvie s.

H. 0,125 ; Diam. 0,115. Coll. Cour. — MR. 226 ; E. 47.

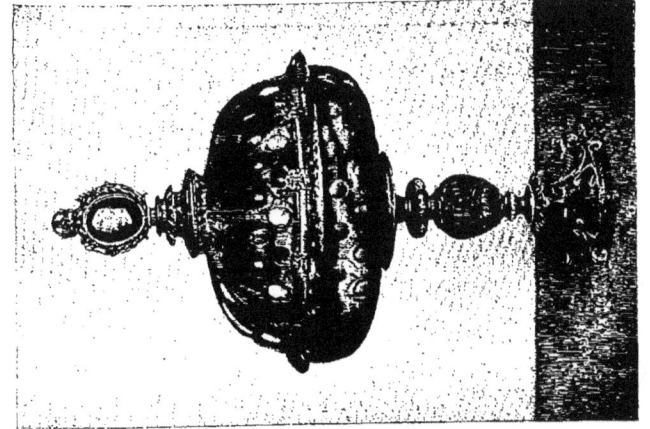

821. — Coupe en agate.
XVI° s.

819. — Coupe en agate-onyx.
XVI° s.

Pl. LVIII.

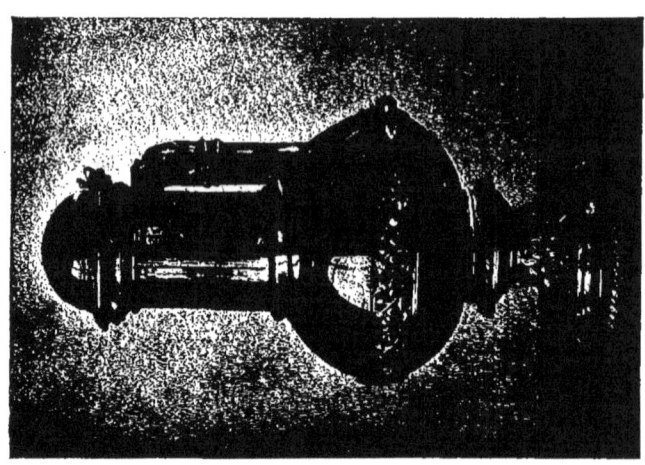

858. — Aiguière en cristal.
XVIᵉ s.

826. — Coupe en agate.
XVIᵉ s.

GEMMES

819. — **Coupe** en agate onyx ; de forme ronde, à couvercle, sur pied à balustre. Le bouton du couvercle est formé par un Triton. Monture émaillée, enrichie de pierreries.

Seconde moitié du xvie s.

H. 0,19 ; Diam. 0,09. Coll. Cour. — MR. 229 ; E. 46. — (Pl. LVII).

820. — **Coupe** en agate ; de forme ronde, sur pied à balustre ; monture émaillée.

Seconde moitié du xvie s.

H. 0,13 ; Diam. 0,115. Coll. Cour. — MR. 225 ; E. 49.

821. — **Coupe** ronde, en agate ; godronnée, à couvercle, sur pied à balustre. Monture émaillée. Douze petits camées ornent le couvercle ; deux autres forment le bouton.

Seconde moitié du xvie s.

H. 0,283 ; Diam. 0,169. Coll. Cour. — MR. 253 ; E. 44. — (Pl. LVII).

822. — **Coupe** ronde, en agate ; de forme conique, à couvercle, sur pied élevé. Monture émaillée.

Seconde moitié du xvie s.

H. 0,225 ; Diam. 0,090. Coll. Cour. — MR. 230 ; E. 45.

823. — **Coupe** en agate ; de forme ovale, sur pied en fuseau. Anse et monture émaillées.

Seconde moitié du xvie s.

H. 0,185 ; Long. 0,18 ; Larg. 0,087. Coll. Cour. — MR. 223 ; E. 52.

824. — **Coupe** ovale, en agate, sur pied bas ; monture émaillée, enrichie d'émeraudes.

Seconde moitié du xvie s.

H. 0,075 ; Long. 0,165 ; Larg. 0,127. Coll. Cour. — Inv. 2033.

825. — **Coupe** en agate ; de forme ronde, décorée de godrons et de rinceaux gravés ; pied évasé. Monture émaillée.

Seconde moitié du xvie s.

H. 0,17 ; Diam. 0,09. Coll. Cour. — Inv. 22.

826. — **Coupe** en agate ; de forme ovale, sur pied à balustre. Le couvercle est formé par un lion à mi-corps, en ronde bosse. Monture émaillée, avec pierreries.

Seconde moitié du xvie s.

H. 0,27 ; L. 0,22. Coll. Cour. — Inv. 38. — (Pl. LVIII).

827. — **Coupe** ovale, en agate-onyx rougeâtre, sur pied à balustre. Monture émaillée.

Seconde moitié du xvie s.

H. 0,16 ; Long. 0,103 ; Larg. 0,087. Coll. Cour. — Inv. 2037.

828. — **Coupe** en agate rougeâtre ; de forme ovale, à couvercle, sur pied à balustre. Monture émaillée.

Seconde moitié du xvie s.

H. 0,14 ; L. 0,15. Coll. Cour. — Inv. 10.

829. — **Coupe** en agate, de forme ovale, à côtes en relief, sur pied en fuseau ; sous le pied, une intaille ; anse et monture émaillées.

Fin du xvie s.

H. 0,152 ; L. 0,163.

830. — **Coupe** ovale, en agate, sur pied à balustre ; couvercle bordé de pierres gravées. Monture émaillée.

Fin du xvie s.

H. 0,200 ; L. 0,125. Coll. Cour. — MR. 117 ; E. 50.

831. — **Coupe** en agate, de forme ronde ; à couvercle, sur pied à balustre. Monture émaillée.

Fin du xvi° s.

H. 0,200 ; Diam. 0,105. Coll. Cour. — MR. 228 ; E. 51.

832. — **Coupe** en agate ; de forme ovoïde, sur pied à balustre. Monture émaillée.

Fin du xvi° s.

H. 0,225 ; Diam. 0,10. Coll. Cour. — MR. 227 ; E. 53.

833. — **Coupe** en agate, de forme ovale ; unie, à couvercle. Monture émaillée, formant un pied élevé.

Fin du xvi° s.

H. 0,20 ; Long. 0,175 ; Larg. 0,12. Coll. Cour. — E. 43.

834. — **Coupe** ronde, en agate veinée, sur pied à balustre ; monture émaillée.

Fin du xvi° s.

H. 0,135 ; Diam. 0,10. Coll. Cour. — Inv. 2034.

835. — **Coupe** ovale, en agate-onyx grisâtre ; pied en argent doré, formé de trois harpies adossées.

Fin du xvi° s.

H. 0,12 ; Long. 0,12 ; Larg. 0,095. Coll. Cour. — Inv. 2036.

836. — **Coupe** ovale, en agate-onyx rougeâtre ; sur pied en argent doré, formé de trois harpies adossées.

Fin du xvi° s.

H. 0,120 ; Long. 0,120 ; Larg. 0,095. Coll. Cour. — Inv. 2035.

837. — **Coupe** en agate, à neuf godrons, ornée de deux tiges fleuries, gravées ; la base est aussi godronnée.

Fin du xvi° s.

H. 0,12 ; Long. 0,205 ; Larg. 0,166.

838. — **Coupe** en agate ; en forme de coquille, à onze godrons ; sur pied à balustre.

Com^t du xvii° s.

H. 0,18 ; L. 0,22. Coll. Cour. — Inv. 11.

839. — **Coupe** en agate, de forme ronde ; le milieu du pied est formé par un buste d'enfant. Monture émaillée.

xvii° s.

H. 0,205 ; Diam. 0,188. Coll. Cour. — Inv. 12.

840. — **Coupe** en agate, de forme ovoïde, à couvercle ; monture émaillée.

Com^t du xvii° s.

H. 0,170 ; Diam. 0,065. Coll. Cour. — MR. 239 ; E. 56.

841. — **Coupe** en agate, de forme ronde, sur pied en argent doré.

xvii° s.

H. 0,100 ; Diam. 0,075. Coll. Cour. — MR. 240 ; E. 54.

842. — **Coupe** basse, en agate, de forme ovale ; couvercle et monture ornés de fleurs et feuillages émaillés.

xvii° s.

H. 0 150 ; L. 0,180. Coll. Cour. — MR. 222 ; E. 42.

843. — **Coupe** ovale, en agate herborisée, sur pied à balustre ; monture émaillée, enrichie d'améthystes.

XVIIe s.

H. 0,115 ; Long. 0,12 ; Larg. 0,08. — Inv. 2038.

844. — **Coupe** plate, en agate rougeâtre ; de forme ovale, à huit lobes.

XVIIe s.

H. 0,045 ; Long. 0,240 ; Larg. 0,210. Coll. Cour. — E. 57.

845. — **Gobelet** en agate, sur pied à balustre.

Fin du XVIe s.

H. 0,12 ; Diam. 0,073. — Inv. 2040.

846. — **Soucoupe** en agate, de forme ovale ; le bord est couvert de rinceaux émaillés contenant des intailles.

Fin du XVIe s.

H. 0,025 ; Long. 0,167 ; Larg. 0,140. Coll. Cour. — MR. 237 ; E. 66.

847. — **Tasse** en agate, de forme ronde.

XVIe s.

H. 0,065 ; Diam. 0,087. Coll. Cour. — MR. 237 ; E. 73.

848. — **Tasse** en agate, avec monture émaillée.

Fin du XVIe s.

H. 0,095 ; L. 0,135. Coll. Cour. — MR. 238 ; E. 74.

849. — **Urne** en agate rougeâtre ; elle est décorée de guirlandes, de flots et de mascarons, en léger relief. Le couvercle, en or, porte les armes du cardinal Mazarin.

Seconde moitié du XVIe s.

H. 0,225 ; Diam. 0,14. Coll. Cour. — MR. 259 ; E. 75.

850. — **Petite urne** en agate-onyx ; sur la panse, deux têtes de griffons en or.

Fin du XVIe s.

H. 0,07 ; Diam. 0,04. Coll. Cour. — Inv. 19.

851. — **Petite urne** en agate-onyx ; unie, de forme allongée, munie d'un couvercle en or (Montée sur un dé en marbre).

XVIIe s.

H. 0,075 ; Diam. 0,025. Coll. Cour. — Inv. 26.

ALBÂTRE

852. — **Coupe** en albâtre vert-pâle, à surface grumeleuse ; de forme ovale, sur pied élevé. Monture émaillée, enrichie de rubis.

Com^t du XVIIe s.

H. 0,10 ; L. 0,15. Coll. Cour. — MR. 221 ; E. 76.

AMÉTHYSTE

853. — **Aiguière** en améthyste, de forme ovoïde, godronnée ; anses et monture émaillées.

Fin du XVIe s. ou com^t du XVIIe.

H. 0,20 ; L. 0,095. Coll. Cour. — MR. 219 ; E. 78.

854. — **Coupe** en améthyste, de forme ovale contournée, à dix godrons, sur pied à balustre. Monture émaillée, avec pierreries.

XVIIe s.

H. 0,195 ; Long. 0,190 ; Larg. 0,152. Coll. Cour. — MR. 218 ; E. 79.

855. — **Vase** en améthyste, de forme ovoïde, à godrons en relief. Col, anses et pied émaillés.

Fin du xvie s. ou com^t du xviie.

H. 0,22 ; L. 0,135. Coll. Cour. — E. 80.

BASALTE

856. — **Urne** en basalte, de forme ovoïde ; sur la panse, combat de tritons et de chevaux marins, sculpté en léger relief ; certaines parties sont recouvertes de feuilles d'or et d'argent. Le couvercle, en argent, porte les armes du cardinal Mazarin.

Premier tiers du xvie s.

H. 0,28 ; Diam. 0,15. Coll. Cour. — MR. 220 ; E. 82. — (Pl. LIX).

CORNALINE

857. — **Coupe** en cornaline rose, de forme ronde, sur pied formé de deux mains jointes.

Com^t du xviie s.

H. 0,080 ; Diam. 0,075. Coll. Cour. — MR. 258 ; E. 85.

CRISTAL DE ROCHE

858. — **Aiguière** en cristal de roche ; autour de la panse, une frise ajourée en argent doré, décorée de fleurs de lys traversées de bâtons (Bourbon). Pied en argent doré, décoré de mascarons et de rinceaux.

Art français, xvie s.

H. 0,28 ; L. 0,16. Coll. Cour. — Inv. 29. — (Pl. LVIII).

859. — **Aiguière** en cristal de roche ; de forme ronde, sur pied bas. Sur la panse est gravée en creux l'histoire de Noé. Monture en or émaillé, avec pierreries.

Milieu du xvi⁰ s.

H. (avec l'anse) 0,420 ; Diam. 0,250. Coll. Cour. — MR. 285 ; E. 88. — (Pl. LX).

860. — **Aiguière** en cristal de roche, en forme de balustre, munie d'une anse et d'un couvercle ; décor de godrons et de guirlandes, gravés en creux. Monture émaillée.

Milieu du xvi⁰ s.

H. 0,370 ; L. 0,200. Coll. Cour. — MR. 281 ; E. 91.

861. — **Aiguière** en cristal de roche, de forme cylindrique ; décorée de godrons et de rinceaux gravés. Monture émaillée.

Seconde moitié du xvi⁰ s.

H. 0,210 ; L. 0,200. Coll. Cour. — E. 105.

862. — **Aiguière** en cristal de roche, de forme ovoïde ; la panse est couverte de rinceaux gravés. Monture émaillée.

Seconde moitié du xvi⁰ s.

H. 0,315 ; L. 0,170. Coll. Cour. — MR. 278 ; E. 92.

863. — **Aiguière** en cristal de roche, de forme ovale, sur pied, avec col et deux goulots ; panse couverte de rinceaux gravés. Monture émaillée de noir.

Seconde moitié du xvi⁰ s.

H. 0,235 ; L. 0,220. Coll. Cour. — MR. 339 ; E. 97.

Pl. LIX.

856. — Urne en basalte. XVIe s.

866. — Aiguière en cristal. XVIe s.

Pl. IX.

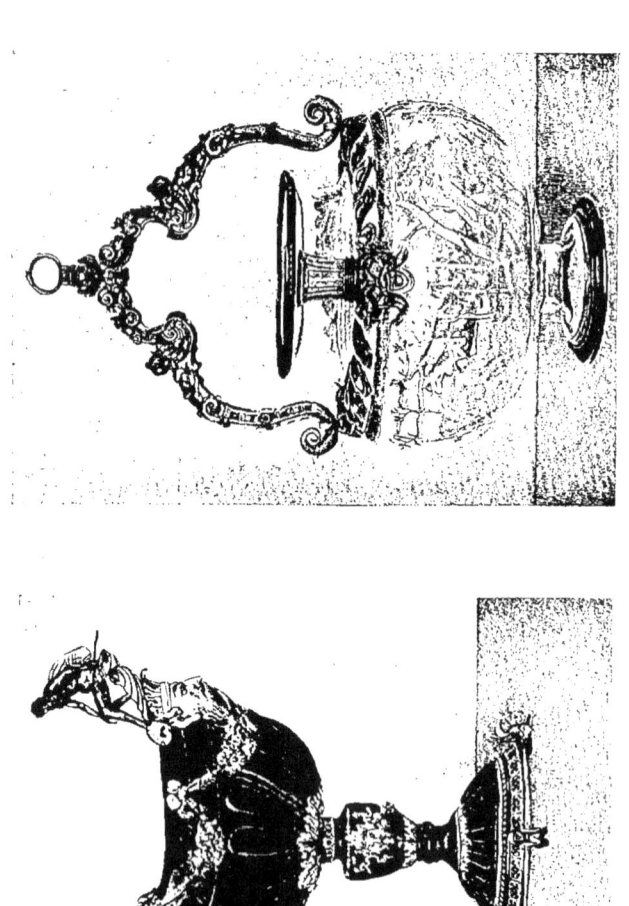

859. — Aiguière en cristal.
XVIe s.

990. — Coupe en lapis.
XVI-XVIIe s.

864. — **Aiguière** en cristal de roche, de forme cylindrique, à large ouverture, et à bec pointu. Figures gravées. Monture en argent doré.

    Seconde moitié du xvi⁰ s.

    H. 0,190 ; L. 0,170. Coll. Cour. — MR. 301 ; E. 96.

865. — **Aiguière** en cristal de roche, de forme allongée, sur pied ; sur la panse sont gravés des feuillages, des ornements et des enfants. Monture émaillée.

    Seconde moitié du xvi⁰ s.

    H. 0,340 ; L. 0,365. Coll. Cour. — MR. 275 ; E. 90.

866. — **Aiguière** en cristal de roche ; elle est formée par un oiseau fantastique, à tête de léopard. Monture émaillée.

    Seconde moitié du xvi⁰ s.

    H. 0,265 ; L. 0,310. Coll. Cour. — MR. 324 ; E 87. — (Pl. LIX).

867. — **Aiguière** en cristal de roche, de forme ovoïde, godronnée, gravée de rinceaux. Monture émaillée. (L'anse a disparu.)

    Seconde moitié du xvi⁰ s.

    H. 0,275 ; Diam. 0,12. Coll. Cour. — E. 93.

868. — **Aiguière** en cristal de roche, de forme hémisphérique, avec col et deux tubulures ; elle est couverte de rinceaux gravés. Monture émaillée.

    Seconde moitié du xvi⁰ s.

    H. 0,275 ; L. 0,22. Coll. Cour. — MR. 287 ; E. 89.

869. — **Aiguière** en cristal de roche ; montures du xviii⁰ et du xix⁰ siècle, en argent doré. (Voir le Plateau, n° 901).

    xvii⁰ s.

    H. 0,245 ; L. 0,130. Legs de M. Th. Dablin, 1861. — Inv. 62 ; E. 86.

870. — **Aiguière** en cristal de roche, de forme ovoïde ; munie d'un couvercle et de trois anses. Monture émaillée.

Fin du xvie s.

H. 0,165 ; L. 0,11. Coll. Cour. — MR. 299 ; E. 101.

871. — **Aiguière** en cristal de roche ; panse et couvercle godronnés ; la monture en argent émaillée, qui forme le milieu du vase, est ornée de figures en relief.

Fin du xvie s. ou com[t] du xviie.

H. 0.245 ; L. 0.155. Coll. Cour. — Inv. 36.

872. — **Aiguière** en cristal de roche, taillée à pans coupés. Monture émaillée ; le goulot représente une tête de panthère.

xviie s.

H. 0,290 ; L. 0,220. Coll. Cour. — MR. 279 ; E. 95.

873. — **Aiguière** en cristal de roche, de forme ovoïde, à large ouverture ; couverte de godrons et d'ornements en relief.

xviie s.

H. 0,31 ; L. 0,16. Coll. Cour. — E. 94.

874. — **Amphore** en cristal de roche, de forme ovoïde, sur pied bas, munie de deux anses ; décorée de feuillages et de rinceaux gravés. Monture émaillée.

Seconde moitié du xvie s.

H. 0,33 ; L. 0,285. Coll. Cour. — E. 98.

875. — **Bassin** en cristal de roche, de forme octogonale. Aux anses, deux masques sculptés.

Com[t] du xviie s.

H. 0,108 ; Long. 0,235 ; Larg. 0,178. Coll. Cour. — MR. 306 ; E. 100.

876. — **Bouteille** en cristal de roche ; décorée de croissants et de roses, en intaille et en relief.

Fin du xvi⁰ s.

H. 0,290 ; Diam. 0,100. Coll. Cour. — E. 103.

877. — **Petite burette** en cristal de roche, de forme ovoïde, ornée de rinceaux gravés. Monture émaillée.

Fin du xvi⁰ s.

H. 0,125 ; Diam. 0,035. — Inv. 5376.

878. — **Petite burette** en cristal de roche, de forme ovoïde, décorée de godrons et de rinceaux gravés. Anse et monture en argent.

Fin du xvi⁰ s.

H. 0,103. Don de M. le colonel Daugny, 1885. — Inv. 2737.

879. — **Deux petites burettes** en cristal de roche, de forme ovoïde, unies, à anses ; montures émaillées.

xvii⁰ s.

H. 0,12 ; L. 0,065. — Inv. 5377 et 5378.

880. — **Coffret** en cristal de roche, de forme rectangulaire, muni aux angles de colonnes torses. Monture émaillée.

xvii⁰ s.

H. 0,145 ; Long. 0,152 ; Larg. 0,114. — Inv. 5379.

881. — **Coupe** en cristal de roche, de forme ovale, sur pied à balustre (rapporté) ; sur la panse sont gravés des épisodes du Déluge. Monture émaillée.

Milieu du xvi⁰ s.

H. 0,240 ; L. 0,275. Coll. Cour. — MR. 289 ; E. 127.

882. — **Coupe** en cristal de roche, de forme ovale, sur pied à balustre. Diverses scènes de l'Ancien Testament y sont gravées.

Milieu du xvie s.

H. 0,135; Long. 0,135; Larg. 0,094. Coll. Cour. — MR. 338. Inv. 2026.

883. — **Coupe** ronde, en cristal de roche, à couvercle, gravée de rinceaux; sur pied à balustre. Monture émaillée.

Milieu du xvie s.

H. 0,22; L. 0,16. Coll. Cour. — MR. 283; E. 112. — (Pl. LXI).

884. — **Coupe** ovale, en cristal de roche, en forme de coquille à onze godrons, montée sur pied à balustre. Monture émaillée.

Seconde moitié du xvie s.

H. 0,125; L. 0,210. Coll. Cour. — MR. 323; E. 121.

885. — **Coupe** ovale, en cristal de roche, montée sur un pied; le décor gravé représente des monstres marins. Monture émaillée.

Seconde moitié du xvie s.

H. 0,170; L. 0,230. Coll. Cour. — MR. 319; E. 120.

886. — **Coupe** en cristal de roche, montée sur un pied; elle a la forme d'un poisson. Monture émaillée.

Seconde moitié du xvie s.

H. 0,155; L. 0,240. Coll. Cour. — MR. 315; E. 125.

Pl. LXI.

924. — Verre à Loire, en cristal.
XVIᵉ s.

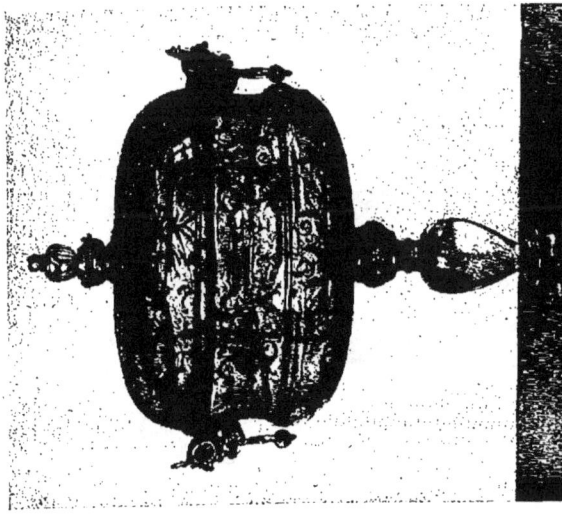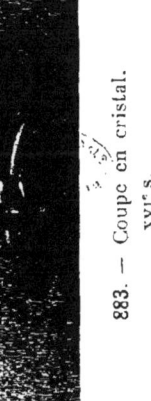

883. — Coupe en cristal.
XVIᵉ s.

Pl. LXII.

787. — Statuette en jaspe.
XVI-XVIIe s.

997. — Aiguière en sardoine-onyx.
XVIIe s.

GEMMES

887. — **Coupe** ovale, en cristal de roche, montée sur un pied, ornée de rinceaux. Monture en argent doré.

Seconde moitié du xvie s.

H. 0,120 ; Long. 0,150. Coll. Cour. — MR. 335 ; E. 110.

888. — **Coupe** basse, en cristal de roche, de forme ronde, à dix godrons, couverte de rinceaux gravés. Monture émaillée.

Seconde moitié du xvie s.

H. 0,13 ; Diam. 0,325. Coll. Cour. — MR. 305 ; E. 108.

889. — **Coupe** ronde, en cristal de roche, sur pied, décorée de rinceaux et de guirlandes gravés.

Seconde moitié du xvie s.

H. 0,09 ; Diam. 0,145. Coll. Cour. — E. 111.

890. — **Coupe** en cristal de roche, en forme de coquille ovale, à neuf godrons, sur pied bas ; couverte de rinceaux et ornements gravés. Sur la tranche, plusieurs petits vases et un dauphin, en cristal. Monture gravée et émaillée.

Seconde moitié du xvie s.

H. 0,185 ; L. 0,22. Coll. Cour. — MR. 286 ; E. 126.

891. — **Coupe** en cristal de roche, de forme ronde, évasée ; décorée de godrons en relief et de rinceaux gravés ; anses émaillées et enrichies de pierreries.

Seconde moitié du xvie s.

H. 0,12 ; L. 0,195. Coll. Cour. — Inv. 2027.

892. — **Coupe** ovale, en cristal de roche, godronnée, sur pied à balustre. Monture en argent doré.

Fin du xvie s.

H. 0,170 ; Long. 0,140 ; Larg. 0,090. Coll. Cour. — MR. 307 ; E. 107.

ORFÈVRERIES, ÉMAUX ET GEMMES.

893. — **Coupe** en cristal de roche, à cinq godrons, montée sur un pied ; l'anse est formée par un aigle, les ailes éployées.

Fin du xvi² s.

H. 0,270 ; L. 0,290. Coll. Cour. — MR. 288 ; E. 119.

894. — **Coupe** en cristal de roche, de forme ronde, godronnée, sur pied.

Fin du xvi² s.

H. 0,088 ; Diam. 0,17. Coll. Cour. — MR. 325 ; E. 114.

895. — **Coupe** en cristal de roche, de forme ovale, godronnée, sur pied à balustre ; décorée de feuillages gravés.

Fin du xvi² s.

H. 0,08 ; Long. 0,155 ; Larg. 0,07. — Inv. 2029.

896. — **Coupe** basse, en cristal de roche, à huit lobes ; décorée de feuillages et de cornes d'abondance, gravés en creux.

Fin du xvi² s.

H. 0,170 ; L. 0,450. Coll. Cour. — MR. 277 ; E. 116.

897. — **Coupe** en cristal de roche, de forme ovale, sur pied ; décorée de feuillages gravés ; la base est émaillée.

Com^t du xvii² s.

H. 0,085 ; L. 0,12. — E. 113.

898. — **Coupe** en cristal de roche, à huit lobes, gravée de rinceaux.

Com^t du xvii² s.

H. 0,130 ; L. 0,235. Coll. Cour. — E. 115.

899. — **Flacon** en cristal de roche, de forme cylindrique ; sur la panse est gravé un paysan taillant un arbre.

xviie s.

H. 0,155 ; Diam. 0,055. Coll. Cour. — MR. 320 ; E. 122.

900. — **Hanap** en cristal de roche, à treize pans, muni d'une anse en forme de dragon ; pied à balustre.

xviie s.

H. 0,23 ; L. 0,15. Coll. Cour. — Inv. 34.

901. — **Plateau** en cristal de roche gravé ; il est formé d'une plaque centrale, ovale, entourée de huit plaques dentelées. (Monture moderne). (Voir l'aiguière, n° 869).

xviie s.

Long. 0,240 ; Larg. 0,205. Legs de M. Th. Dablin, 1861. — Inv. 62 ; E. 130.

902. — **Plateau** en cristal de roche ; ovale au centre, et octogonal sur les bords, qui sont cannelés.

Long. 0,145 ; L. 0,108. — E. 134.

903. — **Plateau** en cristal de roche, de forme ronde, mouluré.

Diam. 0,215. — E. 132.

904. — **Petit reliquaire**, formé d'un tube en cristal de roche, orné de feuillages en relief. Pied et couvercle en argent doré.

xve s.

H. 0,10. Legs Davillier, 1883. — Inv. 3066.

905. — **Seau** en cristal de roche, à huit lobes renflés à la base ; il est décoré de figures de femmes et d'enfants, dans un paysage, gravées. Anse en argent doré.

Fin du xvi͞e s.

H. 0,10 ; Diam. 0,125. Coll. Cour. — MR. 302 ; E. 137.

906. — **Seau** en cristal de roche, à seize pans, décoré de figures et d'ornements gravés. Anse et monture en argent doré.

Com͞t du xvii͞e s.

H. 0,150 ; Diam. 0,115. Coll. Cour. — MR. 308 ; E. 135.

907. — **Petit seau** en cristal de roche, de forme ovale et aplatie ; des personnages y sont gravés. Anse en argent.

Com͞t du xvii͞e s.

H. 0,12 ; L. 0,095. Coll. Cour. — MR. 291 ; E. 136.

908. — **Tasse** en cristal de roche, de forme ronde, godronnée, ornée de guirlandes gravées.

Seconde moitié du xvi͞e s.

H. 0,062 ; Diam. 0,084. Coll. Cour. — MR. 332 ; E. 139.

909. — **Tasse** en cristal de roche, de forme ovale, à six lobes, munie de deux anses, décorée de rinceaux gravés.

Fin du xvi͞e s.

H. 0,05 ; L. 0,13. Coll. Cour. — MR. 311 ; E. 140.

910. — **Urne** en cristal de roche, de forme conique, godronnée et moulurée, sur pied à balustre. Le couvercle est surmonté d'une figurine d'Amphitrite (?) en argent doré. (Pied rapporté).

Fin du xvi͞e s.

H. 0,205 ; Diam. 0,07. Coll. Cour. — MR. 304 ; E. 142.

911. — **Vase** en cristal de roche, en forme de balustre, et muni d'un couvercle hémisphérique. Deux scènes de l'histoire de Judith et de Susanne y sont gravées. Monture émaillée.

Milieu du xvie s.

H. 0,390 ; Diam. 0,180. Coll. Cour. — MR. 280 ; E. 145.

912. — **Petit vase** en cristal de roche, de forme ovoïde ; quatre figures de Vertus y sont gravées. Monture émaillée.

Milieu du xvie s.

H. 0,093 ; Diam. 0,055. Coll. Cour. — MR. 313 ; E. 144.

913. — **Petit vase** en cristal de roche, de forme ovoïde, sur pied à balustre. Sur la panse est gravé un vieillard implorant l'Amour. Monture émaillée.

Milieu du xvie s.

H. 0,205 ; Diam. 0,065. Coll. Cour. — MR. 309 ; E. 141.

914. — **Vase** en cristal de roche, de forme oblongue, à large col, muni de deux goulots et de deux anses (dont une a disparu) ; orné de grotesques, de godrons, et de rinceaux gravés.

Seconde moitié du xvie s.

H. 0,205 ; L. 0,235. Coll. Cour. — Inv. 2025.

915. — **Vase** en cristal de roche, en forme de nautile, décoré de godrons et de rinceaux. Monture émaillée.

Seconde moitié du xvie s.

H. 0,38 ; L. 0,26. Coll. Cour. — E. 143.

916. — **Vase** en cristal de roche, de forme ovoïde, muni d'un large col, de deux goulots et de deux anses (dont une manque); couvert de rinceaux et d'ornements gravés. Monture émaillée.

Seconde moitié du xvie s.

H. 0,22; L. 0,21. Coll. Cour. — E. 99.

917. — **Vase** en cristal de roche, de forme ovale, à deux anses (dont une manque), à large col et à deux goulots, sur pied bas; il est couvert de rinceaux et d'ornements gravés.

Seconde moitié du xvie s.

H. 0,19; L. 0,213. Coll. Cour. — Inv. 35.

918. — **Vase** en cristal de roche, de forme ovale; la partie supérieure taillée à pans; pied à balustre. Des rinceaux et ornements y sont gravés.

Fin du xvie s.

H. 0,20; L. 0,11. Coll. Cour. — MR. 294; E. 150.

919. — **Petit vase** en cristal de roche, de forme ronde, à large ouverture. Quelques figures et ornements y sont gravés.

Fin du xvie s.

H. 0,085; Diam. 0,075. Coll. Cour. — MR. 314; E. 146.

920. — **Vase** en cristal de roche, de forme cylindrique, taillé à pans; deux anses en volutes.

xviie s.

H. 0,24; Diam. 0,135. — MR. 284; E. 147.

921. — **Vase** en cristal de roche, de forme cylindrique; au haut et au bas, divers ornements et figures gravés.

xviie s.

H. 0,145; Diam. 0,095. Coll. Cour. — MR. 321; E. 148.

922. — **Vase** en cristal de roche, de forme plate, et à seize pans ; quelques figures chimériques y sont gravées.

XVII⁰ s.

H. 0,24 ; L. 0,24. Coll. Cour. — MR. 295 ; E. 149.

923. — **Verre à boire** en cristal de roche, de forme conique, sur pied à balustre ; godronné et décoré de figures et rinceaux gravés. Monture émaillée.

Milieu du XVI⁰ s.

H. 0,22 ; Diam. 0,127. Coll. Cour. — MR. 293 ; E. 151.

924. — **Verre à boire** en cristal de roche, de forme ovale, à huit lobes ; décoré de termes et de guirlandes gravés. Monture émaillée.

Milieu du XVI⁰ s.

H. 0,144 ; L. 0,122. Coll. Cour. — MR. 292 ; E. 152. — (Pl. LXI).

925. — **Verre à boire** en cristal de roche, sur pied à balustre ; le graveur y a représenté Vénus et Adonis. Monture émaillée.

Seconde moitié du XVI⁰ s.

H. 0,205 ; L. 0,075. Coll. Cour. — MR. 297 ; E. 153.

926. — **Verre à boire** en cristal de roche, de forme aplatie et à six godrons ; décoré de guirlandes gravées (Pied en or, refait au XVII⁰ s.).

Seconde moitié du XVI⁰ s.

H. 0,078 ; L. 0,068. Coll. Cour. — MR. 312 ; E. 154.

927. — **Verre à boire** en cristal de roche, à bords évasés, décoré de godrons en relief et de rinceaux gravés. Monture émaillée.

Fin du XVI⁰ s.

H. 0,12 ; L. 0,09. Coll. Cour. — Inv. 2028.

928. — **Verre à boire** en cristal de roche, de forme conique, évasée, sur pied bas; décoré de rinceaux et guirlandes gravés.

Fin du xvie s. ou com^t du xviie.

H. 0,11; Diam. 0,074. Coll. Cour. — MR. 303.

929. — **Verre à boire** en cristal de roche; la partie inférieure est décorée de godrons courbes, en relief.

xviie s.

H. 0,12; Diam. 0,09. Coll. Cour. — MR. 318; E. 159.

930. — **Verre à boire** en cristal de roche, de forme allongée, à six pans, sur pied à balustre; décoré d'ornements gravés.

xviie s.

H. 0,20; L. 0,075. — E. 157.

JADE

931. — **Bol** en jade, de forme ovale, à huit lobes; décoré d'ornements gravés.

xviie s.

H. 0,055; Long. 0,15; Larg. 0,08. Coll. Cour. — MR. 200; E. 163.

932. — **Coupe** basse, en jade, de forme trilobée, montée sur un pied, et munie d'un couvercle. Monture émaillée, avec pierreries.

Seconde moitié du xvie s.

L. 0,220; Long. 0,280; Larg. totale 0,330. Coll. Cour. — MR. 188; E. 170.

933. — **Coupe** basse, en jade, de forme ovale, montée sur un pied ; le couvercle est orné de feuillages en relief. Monture émaillée, avec pierreries.

Seconde moitié du xvie s.

H. 0,20 ; Long. 0,34 ; Larg. 0,20. Coll. Cour. — MR. 186 ; E. 171.

934. — **Coupe** ronde, en jade, unie, sur pied à balustre ; monture émaillée, avec pierreries.

Fin du xvie s.

H. 0,135 ; Diam. 0,145. Coll. Cour. — E. 166.

935. — **Coupe** en jade, de forme ovale, sur pied évasé.

xviie s.

H. 0,092 ; Long. 0,18 ; Larg. 0,133. Coll. Cour. — Inv. 2031.

936. — **Coupe** en jade vert foncé, de forme ovale, décorée d'ornements en relief ; à une extrémité, un buste de sirène en ronde-bosse. Au pied, quatre termes en relief.

xviie s.

H. 0,23 ; Long. 0,245 ; Larg. 0,17. Coll. Cour. — MR. 189 ; E. 165.

937. — **Coupe** en jade, en forme de coquille à cinq godrons ; pied à balustre.

xviie s.

H. 0,15 ; Long. 0,23 ; Larg. 0,24. Coll. Cour. — MR. 190 ; E. 167.

938. — **Coupe** en jade, unie, de forme ronde, sur pied à balustre.

xviie s.

H. 0,12 ; Diam. 0,135. Coll. Cour. — MR. 193 ; E. 169.

939. — **Coupe** en jade vert foncé, de forme allongée, imitant un coquillage, sur un pied élevé. Les montures sont semées de pierreries, avec quatre camées en corail.

XVIIe-XVIIIe s.

H. 0,38; Long. 0,33; Larg. 0,19. Coll. Cour. — MR. 185; E. 173.

940. — **Coupe** basse, en jade, de forme ovale, à douze godrons.

XVIIe s.

H. 0,068; Long. 0,288; Larg. 0,228. Coll. Cour. — MR. 192; E. 174.

941. — **Coupe** ovale, en jade, sur pied à balustre; ornée de deux mascarons en cuivre doré.

XVIIe s.

H. 0,130; Long. 0,16; Larg. 0,11. Coll. Cour. — Inv. 2032.

942. — **Coupe** ovale, en jade vert foncé; elle a la forme d'un coquillage, et est montée sur un pied composé d'un Atlas. Monture émaillée.

XVIIe s.

H. 0,25; Long. 0,29; Larg. 0,18. Coll. Cour. — MR. 187; E. 172.

943. — **Urne** en jade, de forme cylindrique, décorée de godron et de feuillages; munie d'un couvercle.

XVIIe s.

H. 0,17; Diam. 0,09. Coll. Cour. — MR. 191; E. 182.

JASPES

944. — **Aiguière** en jaspe vert sanguin ; de forme ronde, à couvercle ; anse en argent doré, enrichie de pierreries.

Fin du XVIe s.

H. 0,175 ; L. 0,165. Coll. Cour. — MR. 160 ; E. 183.

945. — **Grand bassin**, en jaspe vert ; de forme ovale, décoré de mascarons et d'ornements stylisés, en léger relief. A une extrémité, le monogramme I.R.I., sous une couronne (probablement celui de l'empereur Rodolphe II, 1576-1611).

Fin du XVIe s. ou début du XVIIe.

H. 0,19 ; Long. 0,58 ; Larg. 0,33. Coll. Cour. — MR. 143 ; E. 851.

946. — **Coffret** en jaspe vert ; la monture, en argent doré, est ornée à chaque angle d'une statuette de guerrier.

Seconde moitié du XVIe s.

H. 0,110 ; Long. 0,165 ; Larg. 0,130. Coll. Cour. — MR. 166 ; E. 187.

947. — **Coupe** en jaspe vert sanguin, à six lobes ; munie d'un couvercle et montée sur un pied. Monture émaillée, enrichie de pierreries.

Seconde moitié du XVIe s.

H. 0,180 ; L. 0,22. Coll. Cour. — MR. 147 ; E. 214.

948. — **Coupe** en jaspe vert sanguin ; de forme ronde, unie, sur pied à balustre. Monture émaillée.

Seconde moitié du XVIe s.

H. 0,13 ; Diam. 0,095. Coll. Cour. — MR. 154 ; E. 199.

949. — **Coupe** en jaspe vert sanguin ; en forme de coquille trilobée ; montée sur un pied à balustre. Monture émaillée, ornée de pierreries.

Seconde moitié du xvie s.

H. 0,12 ; L. 0,19. Coll. Cour. — Inv. 5.

950. — **Petite coupe** en jaspe vert, de forme ovale, sur pied à balustre ; à une extrémité de la coupe, un petit groupe en ronde-bosse, en or émaillé, représentant Neptune et Amphitrite.

Seconde moitié du xvie s.

H. 0,15 ; L. 0,11. Coll. Cour. — MR. 173 ; E. 191.

951. — **Coupe** en jaspe vert sanguin ; de forme hémisphérique, sur pied à balustre ; monture émaillée, enrichie de rubis.

Fin du xvie s.

H. 0,155 ; Diam. 0,110. Coll. Cour. — MR. 155 ; E. 206.

952. — **Coupe** basse, en jaspe agaté vert, de forme ovale ; décorée de rinceaux gravés. Monture émaillée.

Fin du xvie s.

H. 0,068 ; L. 0,20. Coll. Cour. — MR. 167 ; E. 213.

953. — **Petite coupe** ronde, en jaspe vert, sur pied à balustre. Monture émaillée.

Fin du xvie s.

H. 0,090 ; Diam. 0,075. Coll. Cour. — MR. 181 ; E. 208.

954. — **Petite coupe** en jaspe vert, ronde, sur pied à balustre ; la panse, en émail vert, est ornée de douze pierres gravées ; sur le couvercle un petit groupe en ronde-bosse, émaillé : la Charité.

Fin du xvie s.

H. 0,13 ; Diam. 0,07. Coll. Cour. — MR. 171 ; E. 205.

955. — **Coupe** basse, en jaspe vert, veiné ; de forme ovale, à seize godrons.

Fin du XVIᵉ s.

H. 0,055 ; Long. 0,265 ; Larg. 0,22. Coll. Cour. — MR. 144 ; E. 217.

956. — **Coupe** à deux anses, en jaspe vert ; de forme conique ; couvercle et pied en or émaillé.

Comᵗ du XVIIᵉ s.

H. 0,130 ; Diam. 0,130. Coll. Cour. — MR. 163 ; E. 184.

957. — **Coupe** basse, en jaspe vert ; de forme ronde, moulurée, munie d'un couvercle ; les anses sont formées par deux coquilles. Monture en or.

XVIIᵉ s.

H. 0,070 ; L. 0,167. Coll. Cour. — MR. 162 ; E. 215.

958. — **Coupe** en jaspe vert ; ronde, à couvercle ; sur pied à balustre. Monture en or.

XVIIᵉ s.

H. 0,125 ; Diam. 0,105. Coll. Cour. — MR. 165 ; E. 198.

959. — **Coupe** ronde, en jaspe vert, décorée de godrons et de moulures ; sur pied à balustre. Monture en argent doré.

XVIIᵉ s.

H. 0,110 ; Diam. 0,095. Coll. Cour. — MR. 158 ; E. 207.

960. — **Coupe** en jaspe vert ; de forme allongée, décorée de rinceaux gravés ; sur pied à balustre. Monture émaillée, enrichie de turquoises.

XVIIᵉ s.

H. 0,115 ; L. 0,175. Coll. Cour. — MR. 172 ; E. 211.

961. — **Coupe** en jaspe vert, de forme ovale, godronnée ; sur pied à balustre ; la tête d'un dragon, sculpté en relief sous la pièce, regarde dans la coupe. Monture émaillée.

xvii* s.

H. 0,14 ; L. 0,22. Coll. Cour. — Inv. 37.

962. — **Navette à encens**, en jaspe vert ; de forme ovale, pointue aux deux extrémités ; montée sur un pied. Monture émaillée.

Com* du xvii* siècle.

H. 0,117 ; Long. 0,135 ; Larg. 0,055. Coll. Cour. — MR. 169 ; E. 220.

963. — **Pied de coupe**, en jaspe vert, orné de feuillages sculptés. Il est serti dans une monture en or, où des bacchanales et des jeux d'enfants sont ciselés en bas-relief, et qui est enrichie de pierreries.

xvii*-xviii* s.

H. 0,065 ; Long. 0,155 ; Larg. 0,135. Coll. Cour. — E. 212.

964. — **Plateau** en jaspe vert ; de forme ovale, composé de dix-sept plaques. Monture émaillée, enrichie de perles.

Fin du xvi* s.

Long. 0,445 ; Larg. 0,365. Coll. Cour. — MR. 170 ; E. 221.

965. — **Petite urne** en jaspe vert, de forme ronde, moulurée, à couvercle. Monture émaillée.

Com* du xvii* s.

H. 0,11 ; Diam. 0,08. Coll. Cour. — MR. 164 ; E. 230.

966. — **Vase** en jaspe vert sanguin; il a la forme d'un dragon; la queue et les ailes forment les anses; la gueule sert de goulot. Monture émaillée.

Seconde moitié du xvi° s.

H. 0,19; L. 0,30. Coll. Cour. — Inv. 39.

967. — **Vase** en jaspe vert sanguin, de forme ovoïde, à large col. Monture émaillée.

Seconde moitié du xvi° s.

H. 0,06; Diam. 0,05. Coll. Cour. — MR. 151; E. 232.

968. — **Coupe** basse, en jaspe rouge fleuri, de forme ronde, évasée; sur la panse est gravé le nom de Laurent de Médicis († 1492).

H. 0,07; Diam. 0,21. Legs Davillier, 1883. — Inv. 3063.

969. — **Coupe** basse, en jaspe rouge fleuri; de forme ronde, évasée; sur la panse est gravé le nom de Laurent de Médicis († 1492).

H. 0,07; Diam. 0,20. Legs Davillier, 1883. — Inv. 3064.

970. — **Coupe** en jaspe fleuri, brun; de forme ovale, plate, à six lobes; sur pied à balustre. Monture émaillée.

Milieu du xvi° s.

H. 0,083; L. 0,165. Coll. Cour. — MR. 179; E. 189.

971. — **Coupe** en jaspe fleuri, rouge-brun; de forme ronde, unie, montée sur un pied; les anses sont formées par deux couples de serpents. Monture émaillée.

Seconde moitié du xvi° s.

H. 0,100; Diam. 0,170. Coll. Cour. — MR. 178; E. 190.

972. — **Coupe** ovale, en jaspe fleuri, montée sur un pied à balustre ; elle est ornée de dessins gravés. Monture émaillée.

Seconde moitié du xvie s.

H. 0,190 ; Long. 0,135 ; Larg. 0,105. Coll. Cour. — E. 188.

973. — **Coupe** en jaspe fleuri ; en forme de coquille, montée sur un pied (moderne), en cuivre doré.

Seconde moitié du xvie s.

H. 0,160 ; Long. 0,165 ; Larg. 0,165. Coll. Cour. — MR. 184 ; E. 197.

974. — **Coupe** ronde, en jaspe fleuri, sur pied à balustre. Monture émaillée.

Seconde moitié du xvie s.

H. 0,120 ; Diam. 0,105. Coll. Cour. — MR. 176 ; E. 202.

975. — **Coupe** en jaspe agaté fleuri ; de forme ovale, à couvercle ; décorée d'ornements stylisés, en relief.

Seconde moitié du xvie s.

H. 0,14 ; Diam. 0,145. Coll. Cour. — MR. 175 ; E. 200.

976. — **Petite coupe** en jaspe agaté fleuri ; de forme ovale, sur pied à balustre ; décorée de volutes gravées. Monture émaillée.

Seconde moitié du xvie s.

H. 0,065 ; Long. 0,095 ; Larg. 0,063. Coll. Cour. — MR. 149 ; E. 203.

977. — **Petite coupe** en jaspe agaté fleuri ; de forme ovale, sur pied à balustre. Monture émaillée.

Seconde moitié du xvie s.

H. 0,06 ; L. 0,105. Coll. Cour. — MR. 150 ; E. 204.

Pl. LXIII.

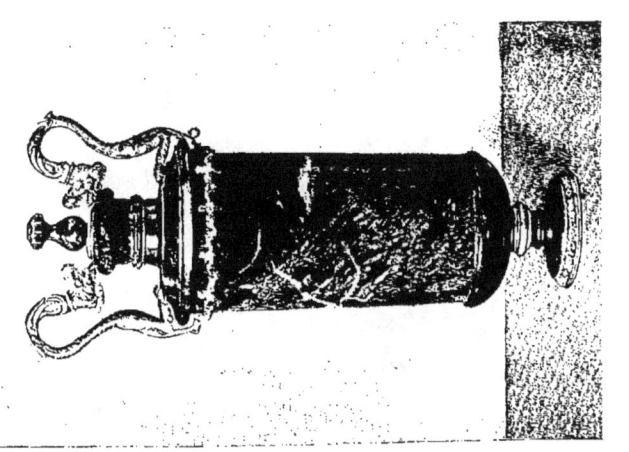

983. — Vase en jaspe fleuri.
XVI⁰ s.

1005. — Burette en sardoine-onyx.
XVI⁰ s.

Pl. LXIV.

1014. — Miroir de Marie de Médicis.

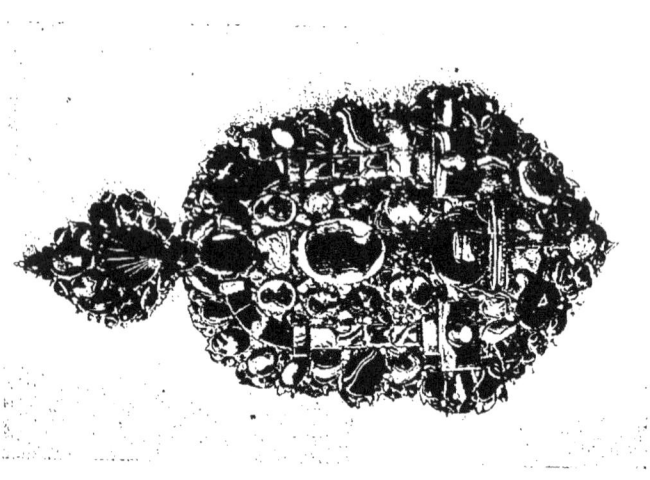

1000. — Bougeoir de Marie de Médicis.

978. — **Coupe** en jaspe rouge ; de forme ovale, godronnée, sur pied évasé ; anses dorées.

Fin du xvie s.

H. 0,08 ; L. 0,13. Coll. Cour. — Inv. 2030.

979. — **Coupe** en jaspe fleuri ; de forme ronde, sur pied à balustre. Monture émaillée.

Fin du xvie s.

H. 0,20 ; Diam. 0,175. Coll. Cour. — E. 209.

980. — **Coupe** en jaspe fleuri, de forme ronde, sur pied à balustre, à large base. Monture ornée de pierreries.

xviie s.

H. 0,18 ; Diam. 0,142. — Inv. 5381.

981. — **Coupe** en jaspes fleuris ; en forme de coquille à cinq godrons, sur pied à balustre. Monture émaillée.

xviie s.

H. 0,215 ; L. 0,255. Coll. Cour. — Inv. 6.

982. — **Petite coupe** en jaspe fleuri ; de forme ovale, sur pied à balustre.

xviie s.

H. 0,085 ; Long. 0,12 ; Larg. 0,06. Coll. Cour. — MR. 180 ; E. 210.

983. — **Vase** en jaspe rouge fleuri, de forme cylindrique ; la monture et les anses, formées par des dragons, sont émaillées.

Seconde moitié du xvie s.

H. 0,23 ; Diam. 0,066. Coll. Cour — E. 231. — (Pl. LXIII).

984. — **Vase** en jaspe fleuri, de forme cylindrique ; décoré de godrons obliques, en creux ; anses émaillées.

Fin du xvi° s.

H. 0,12 ; Diam. 0,11. Coll. Cour. — Inv. 30.

LAPIS

985. — **Coupe** en lapis, de forme allongée, décorée de coquilles, sur pied à balustre ; munie de son couvercle. Monture émaillée.

Seconde moitié du xvi° s.

H. 0,14 ; L. 0,16. Coll. Cour. — MR. 265 ; E. 243.

986. — **Coupe** en lapis, de forme ronde, moulurée, sur pied à balustre. Monture émaillée.

Seconde moitié du xvi° s.

H. 0,120 ; Diam. 0,135. Coll. Cour. — MR. 266 ; E. 234.

987. — **Coupe** en lapis, de forme ovale, godronnée, sur pied à balustre. Monture émaillée, jadis enrichie de pierreries.

Seconde moitié du xvi° s.

H. 0,147 ; Long. 0,17 ; Larg. 0,11. Coll. Cour. — Inv. 2041.

988. — **Petite coupe** en lapis, de forme trilobée, sur pied à balustre. Monture émaillée, enrichie de pierreries.

Seconde moitié du xvi° s.

H. 0,07 ; L. 0,08. Coll. Cour. — MR. 267 ; E. 235.

989. — **Petite coupe** en lapis, de forme ovale, sur pied à balustre. Monture émaillée.

Fin du xvi° s.

H. 0,065 ; L. 0,085. Coll. Cour. — MR. 268 ; E. 236.

990. — **Coupe** en lapis, de forme ovale, godronnée, sur pied à balustre. Monture émaillée ; une statuette de Neptune surmonte la coupe ; le pied repose sur quatre sphinx.

Fin du xvie s. ou com^t du xviie.

H. 0,42 ; L. 0,33. Coll. Cour. — MR. 262 ; E. 242. — (Pl. LX).

991. — **Coupe** ronde, en lapis, godronnée, à couvercle plat, montée sur un pied. Monture émaillée, semée de rubis.

Fin du xvie s.

H. 0,11 ; Diam. 0,11. Coll. Cour. — MR. 263 ; E. 237.

992. — **Coupe** en lapis, en forme de coquille, sur pied à balustre.

xviie s.

H. 0,12 ; L. 0,08. Coll. Cour. — MR. 270 ; E. 238.

993. — **Petite urne** en lapis, de forme ovoïde, suspendue à trois chaînettes. Monture émaillée.

H. 0,057 ; Diam. 0,03. Coll. Cour. — MR. 269 ; E. 241.

Seconde moitié du xvie s.

994. — **Vase** en lapis, en forme de balustre, à couvercle. Monture et anses en argent doré.

Com^t du xviie s.

H. 0,205 ; L. 0,16. Coll. Cour. — Inv. 5380.

995. — **Petit vase** en lapis, de forme ovoïde, à couvercle. Monture émaillée.

xviie s.

H. 0,07 ; Diam. 0,04. Coll. Cour. — MR. 272 ; E. 245.

SARDOINE

996. — **Aiguière** en sardoine-onyx, (antique ?) ; elle est de forme ovale aplatie, et ornée de quelques feuilles gravées en creux. Anse, bec et monture émaillés, commencement du xviie siècle.

H. 0,23 ; L. 0,17. Coll. Cour. — MR. 124 ; E. 252.

997. — **Aiguière** en sardoine-onyx, en forme de calice, sur pied à balustre. Le couvercle est constitué par un buste de Minerve, émaillé au naturel ; l'anse est formée par un dragon.

xviie s.

H. 0,28 ; L. 0,165. Coll. Cour. — E. 251. — (Pl. LXII).

998. — **Aiguière** en sardoine, de forme ronde ; le couvercle est orné de camées : une tête d'aigle sert de bec. L'anse, le bec, et le pied sont émaillés.

xviie s.

H. 0,204 ; L. 0,200. Coll. Cour. — E. 253.

999. — **Aiguière** en sardoine, en forme de calice. Monture émaillée ; l'anse est formée par une sirène, et le bec par une tête d'aigle.

xviie s.

H. 0,240 ; L. 0,215. Coll. Cour. — MR. 114 ; E. 268.

1000. — **Bougeoir** (applique) de la reine Marie de Médicis. Il est composé d'une plaque découpée, couverte de sardoines, d'agates et de camées, (sur monture émaillée), au devant de laquelle se détache le bobéchon. Donné à la reine, à l'occasion de son mariage avec Henri IV (1600), par la République de Venise (voir n° 1014).

H. 0,45; L. 0,24. Coll. Cour. — MR. 251. Cat. du Musée des Souverains, n° 103. — (Pl. LXIV).

1001. — **Burette** en sardoine; sur la panse sont creusés trois médaillons ovales; l'anse est prise dans la masse.

Antique (?).

H. 0,20; Diam. 0,08. Coll. Cour. — MR. 115; E. 275.

1002. — **Burette** en sardoine, à panse ovoïde; anse prise dans la masse.

Antique (?).

H. 0,175; Diam. 0,09. Coll. Cour. — E. 273.

1003. — **Burette** en sardoine-onyx, en forme de balustre, à col élancé; l'anse, le bec et la base sont émaillés et enrichis de pierreries.

Seconde moitié du xvi° s.

H. 0,225; Diam. 0,075. Coll. Cour. — E. 254.

1004. — **Burette** en sardoine-onyx; de forme allongée, montée sur un pied bas. L'anse et la monture sont émaillées.

Seconde moitié du xvi° s.

H. 0,145; L. 0,058. Coll. Cour. — MR. 133; E. 256.

1005. — **Burette** en sardoine-onyx (antique?). Monture et anse émaillées (seconde moitié du xvi° s.).

A l'époque de Louis XIV on a ajouté une seconde base, en cuivre doré, supportée par trois sphinx.

H. 0,21; L. 0,075. Coll. Cour. — E. 255.

1006. — **Coupe** en sardoine-onyx ; de forme ovale, sur pied à balustre. Monture émaillée.

Fin du xvie s.

H. 0,13 ; L. 0,14. Coll. Cour. — MR. 118 ; E. 262.

1007. — **Coupe** en sardoine-onyx ; en forme de coquille ovale, godronnée. Monture émaillée ; l'anse est formée par un dragon. (Pied moderne).

xviie s.

H. 0,21 ; L. 0,21. Coll. Cour. — MR. 120 ; E. 261.

1008. — **Coupe** en sardoine-onyx, en forme de coquille à onze godrons, sur pied à balustre. Monture émaillée, enrichie de pierreries. Un cheval marin et un lézard, émaillés, semblent vouloir se désaltérer dans la coupe.

xviie s.

H. 0,20 ; L. 0,19. Coll. Cour. — MR. 123 ; E. 265.

1009. — **Coupe** en sardoine-onyx, en forme de coquille irrégulière. Monture émaillée, enrichie de pierreries. (Pied moderne).

xviie s.

H. 0,14 ; L. 0,16. Coll. Cour. — MR. 138 ; E. 266.

1010. — **Coupe** basse, en sardoine-onyx, à six lobes. Monture émaillée.

Fin du xvie s.

H. 0,06 ; Diam. 0,15. — E. 271.

1011. — **Coupe** basse, en sardoine-onyx, de forme ronde (antique?) sur la panse est gravée l'inscription : IVSTVS. VT. PAL[ma]. FLO[rebit].

Monture émaillée, xvi-xviie s.

H. 0,07 ; Diam. 0,145. Coll. Cour. — MR. 136 ; E. 270.

1012. — **Coupe** basse, en sardoine, de forme ovale ; couvercle, monture et base en or émaillé. Le couvercle est orné de camées.

Com^t du XVIIe s.

H. 0,145 ; L. 0,185 ; Larg. 0,175. Coll. Cour. — MR. 129 ; E. 258.

1013. — **Coupe** basse, en sardoine-onyx, de forme ovale ; couvercle et monture en or émaillé. Au couvercle et à la base, huit médaillons émaillés représentant des batailles.

XVIIe s.

H. 0,15 ; L. 0,245 ; Larg. 0,21. Coll. Cour. — MR. 126 ; E. 259.

1014. — **Miroir** de Marie de Médicis. Plaque rectangulaire de cristal de roche, entourée d'un cadre à colonnettes et à fronton, en agates et sardoines, orné de camées, d'émeraudes et d'autres pierreries, avec montures émaillées. — Donné à la reine, à l'occasion de son mariage avec Henri IV (1600), par la République de Venise. (Voir n° 1000.)

H. 0,405 ; L. 0,285. Coll. Cour. — MR. 252. Cat. du Musée des Souverains, n° 102. — (Pl. LXIV).

1015. — **Vase** en sardoine, en forme de tronc de cône renversé, décoré de deux étages de cannelures. Au sommet, une large bande émaillée, à arabesques ; fond et pied en or émaillé ; (base refaite).

Seconde moitié du XVIe s.

H. 0,24 ; Diam. 0,16. Coll. Cour. — Inv. 8.

DIAMANTS DE LA COURONNE

(*exceptés de la vente du 12 mai 1887*)

ET OBJETS DIVERS

1016. — **Diamant** à cinq pans, de couleur hortensia (20 carats 3/4). Acquis par Louis XIV.

1017. — **Diamant** dit **Le Régent** (136 carats 7/8). Acquis en 1717 par le duc d'Orléans, régent de France.

1018. — **Rubis** dit **Côte de Bretagne**. Il a appartenu à la reine Anne de Bretagne († 1514) et est resté depuis lors dans le trésor de la Couronne. Le roi Louis XV le fit tailler en forme de dragon, par Jacques Guay, célèbre graveur sur pierres dures, pour orner une décoration de la Toison d'or (1749-1750).

1019. — **Couronne** du sacre de Louis XV (1722), par Laurent et Claude Rondé, joailliers de la Couronne. (Pierres fausses).

H. 0,24; Diam. 0,19. — Inv. Musée des Souverains, 61. — D. 980.

1020. — **Montre du dey d'Alger**. Le cadran et le mouvement portent le nom de Daniel de Saint-Leu (horloger à Londres, seconde moitié du xviiie s.). Le boîtier extérieur, en or, est enrichi de diamants. — Prise à Alger, en 1830.

H. tot. 0,087; Diam. 0,063.

1021. — **Couronne** du sacre de Napoléon Ier (1804); en argent doré, ornée de pierres gravées. Par Étienne Nitot, orfèvre-joaillier de l'Empereur.

H. 0,25. — Inv. Musée des Souverains, 91. — D. 983.

1022. — Insigne de l'Ordre de l'**Eléphant de Danemark**, en or émaillé. La housse de l'animal porte le monogramme de Frédéric VI, roi de Danemark (1808-1839).

H. tot. 0,08.

1023. — **Épée** de Charles X, garnie de diamants ; exécutée par M. Frédéric Bapst, joaillier de la Couronne.

1024. — **Broche** en diamants, dite Broche-reliquaire, exécutée par M. Alfred Bapst, en 1855.

1025. — **Petit dragon**, monté en épingle : son corps est formé par une perle baroque ; sa queue est en or émaillé.

CORRECTIONS

N°ˢ 26 à 30.   Ces émaux peuvent être attribués à l'atelier de Godefroi de Claire.

N°ˢ 39 et 40.   Ces émaux peuvent être attribués à l'atelier du moine Frédéric, de l'abbaye de Saint-Pantaléon.

N° 232, 233, 234.   Art suisse, xviie s. (?).

N°ˢ 263, 265.   Art espagnol, xviie s. (?).

N° 297.   Art italien ou espagnol, xvii-xviiie s.

N° 308.   Art italien ou espagnol.

N° 349.   Art sicilien, xviie s. (?).

N°ˢ 440, 442, 443.   Art sicilien (?).

N° 552.   A supprimer ; fait double emploi avec le n° 704.

N° 590.   Adam et Ève cueillant le fruit défendu.

N° 745.   Cette plaque est attribuée à Jean II Limousin (qui travaillait dès 1615 et vivait probablement encore en 1646).

N° 770.   Jacques Nouailher mourut en 1674.

TABLE DES NOMS D'ARTISTES[1]

Alpais (G.), 67.
Bapst (Alfred), 1024.
Bapst (Frédéric), 1023.
Beer (J.-F.), 435.
Bensel, 209.
Biennais, 394.
Bologne, voir : Jean de Bologne.
Court (Jean de), 697.
Court (Jean de), voir : I. C.
Court (Suzanne de), 732 à 736.
Court dit Vigier (Jean), 691 à 696.
Courteys (Jean), voir : I. C.
Courteys (Martial), 688.
Courteys (Pierre), 645 à 656.
Didier (Martin), voir : M. D. Pape.
Fouquet (Jean), 465.
Frédéric de Saint-Pantaléon, voir : 39, 40, et p. 171.
Garnerius (Johannes), 71.
Godefroi de Claire, voir : 26 à 30, et p. 171.
Guay (Jacques), 1018.
I. C. 669 à 687.
I. P. 514 à 517.
Jamnitzer (W.), 324.
Jean de Bologne, 425.
KIP, voir : I. P.
Laudin (Jacques Ier, ou Jean), 751 à 757.
Laudin (Jacques II), 758 à 765.

1. Les chiffres renvoient aux *numéros des objets*.

Laudin (Jean), voir : Laudin (Jacques Ier).
Laudin (Noël Ier), 749, 750.
Limousin (François), 737 à 742.
Limousin (Jean), 743 à 746.
Limousin (Jean II), 745 et p. 171.
Limousin (Joseph), 747, 748.
Limousin (Léonard), 530 à 548 ; et 549 à 572.
M.D. Pape, 635 à 644.
M. I. 518.
Monvaerni (le pseudo-), 466 à 477.
M. P. 501.
Muelich (Hans), 394.
Nitot (Étienne), 1021.
Nouailher (Jacques), 770.
Nouailher (Pierre Ier), 771, 772.
Noylier (Colin), 523 à 529.
Pénicaud (Jean Ier), 484.
Pénicaud (Jean II), 485 à 490.
Pénicaud (Nardon), 478 à 483.
Pénicaud (Pierre), 502 à 510.
Philippe de Sulmona, 221.
Pietro da Milano, 261.
Rondé (Laurent et Claude), 1019.
Reymond (Jean ou Joseph), 727.
Reymond (Martial), 721 à 726.
Reymond (Pierre), 573 à 634.
Saint Leu (Daniel de), 1020.
Weber (Hans), 426.

TABLE DES MATIÈRES

	Pages.
Préface	v
Liste des anciens catalogues	xiii
Liste des abréviations	xv

ORFÈVRERIE ET ÉMAILLERIE

Art byzantin	2
Haut moyen âge, époque romane	4
Orfèvrerie et émaillerie champlevée; Écoles de la Meuse et du Rhin	8
Orfèvrerie et émaillerie champlevée; École Limousine	13
Orfèvrerie et émaillerie champlevée; Écoles diverses	24
Époque gothique; France	25
Époque gothique; Pays divers	31
Renaissance; Italie	41
Renaissance; France	51
Renaissance; Pays divers	54
xviie et xviiie siècles	73

ÉMAUX PEINTS

Émaux peints italiens	83
Émaux vénitiens	85
Émaux peints français, xve siècle	86
Émaux peints de Limoges	86 à 124
Monvaerni (le pseudo-)	86

Époque de Nardon Pénicaud et de Jean Ier Pénicaud	87
Jean II Pénicaud	88
École de Jean II Pénicaud	89
Pierre Pénicaud	90
Le maître I. P. (KIP)	91
Le maître M I	92
Anonymes	92
Colin Noylier	93
Léonard Limousin	94
École de Léonard Limousin	97
Pierre Reymond	99
Le maître M. D. Pape	105
Pierre Courteys	107
École de Pierre Courteys	109
Le maître I. C. (Jean Courteys, ou Jean de Court ?)	110
Martial Courteys	112
Jean Court dit Vigier	113
Jean de Court	114
Anonymes, second tiers du xvie siècle	114
Martial Reymond	116
Jean ou Joseph Reymond	117
Anonymes, fin du xvie siècle et début du xvii^e	117
Suzanne Court, ou de Court	118
François Limousin	118
Jean Limousin	119
Joseph Limousin	120
Noël I Laudin	120
Jacques I Laudin (ou Jean Laudin)	121
Jacques II Laudin	121
Anonymes, xviie-xviiie siècles	123
Jacques Nouailher	123
Pierre Ier Nouailher	123
École des Nouailher	124

GEMMES

Sculptures en ronde-bosse	127
Camées	128
Intailles	131
Vases et objets divers	132 à 167
Agates	132
Albâtre	138
Améthyste	138
Basalte	139
Cornaline	139
Cristal de roche	139
Jade	152
Jaspes	155
Lapis	162
Sardoine	164
Diamants de la Couronne, et objets divers	168
CORRECTIONS	171
TABLE DES NOMS D'ARTISTES	173
TABLE DES MATIÈRES	175

MACON, PROTAT FRÈRES, IMPRIMEURS

MACON, PROTAT FRÈRES, IMPRIMEURS.

www.ingramcontent.com/pod-product-compliance
Lightning Source LLC
Chambersburg PA
CBHW050347170426
43200CB00009BA/1765